Hans-Peter Posavac

Schneckenflüstern statt Schneckenkorn

Hans-Peter Posavac

Schneckenflüstern statt Schneckenkorn

Illustrationen von Kay Strathus

NEUE ERDE

3. Auflage 2009

Schneckenflüstern statt Schneckenkorn
Hans-Peter Posavac

Titelseite:
Foto: Hans-Peter Posavac
Gestaltung: Dragon Design, GB

Zeichnungen: Kay Strathus

Satz und Typographie:
Dragon Design, GB
Gesetzt aus der Sabon MT

Gesamtherstellung: L.E.G.O. S.p.A. Lavis (TN)

Printed in Italy

ISBN 978-3-89060-240-0

Neue Erde GmbH
Cecilienstr. 29 · 66111 Saarbrücken · Deutschland · Planet Erde
www.neue-erde.de

Inhalt

Einführung

Es ist merklich wärmer geworden. Die Luft ist schwer vom Duft der feuchten Erde. Die junge Wegschnecke schiebt ihren feucht glänzenden Kopf vorsichtig aus dem braunen Laub. Während sie ihr Winterquartier verläßt, erkunden ihre kleinen Fühler wachsam die nächtliche Umgebung. Ihr Schleimmantel und die tiefe Erdhöhle haben sie in den frostigen Nächten des vergangenen Winters ausreichend warm gehalten. Doch jetzt will sie nur noch fressen, will wachsen, will leben.

Begierig recken sich ihre Riechorgane den feinen Luftströmungen entgegen, bestrebt, auch das winzigste Teilchen der umherschwebenden Duftinformationen einzufangen. Im Gehirn der kleinen Schnecke bildet sich daraus ein präzises Geruchsbild der Umgebung. »Ahh! Das riecht saftiggrün und verlockend frisch!« Auch wenn sie ihr Ziel noch nicht sehen kann, so fällt ihr die Orientierung in der Geruchslandschaft doch leicht.

Sie setzt sich, langsam zwar, aber dennoch zielsicher, in Bewegung. Eine Frühbeetumrandung ist schnell überwunden, bedeutet lediglich eine kleine Verzögerung. Endlich steht sie vor dem so grünen, zarten, verlockend duftenden, herrlich frischen Kopfsalat. Ohne weiter nachzudenken und nahezu besinnungslos vor Hunger und vor Lust, beginnt sie an dem biegsamen Pflänzchen hochzuklettern, bis sie die feinen Blattspitzen erreicht hat. Endlich kann das Mahl beginnen. Wie im Rausch vergeht die Zeit, und bald ist von dem jungen Grün nichts mehr übrig außer der Wurzel, die in der Erde nur schwer zu erreichen ist. Rasch zum nächsten Pflänzchen. Und dann wieder zum Nächsten. »Hmmm! Welch ein Genuß!«

Inzwischen hat es zu dämmern begonnen. Bald werden die ersten Sonnenstrahlen für Wärme und unangenehme Trockenheit sorgen. Die Schnecke, inzwischen pappsatt und um einiges schwerer geworden, wird unruhig. Sie möchte sich jetzt gerne irgendwo verkriechen und schlafen. Vage erinnert sie sich, daß sie auf dem Herweg an einem geeigneten Schlafplatz vorbeigekrochen war. Also klettert sie zurück auf die andere Seite des Frühbeets. Eine Kuhle unter einem Brett bietet den begehrten Ruheplatz: dunkel, erdig, kühl, feucht, sicher. Ein letztes Schnuppern, dann zieht sie ihre Fühler träge zurück, schnurrt sich ganz klein zusammen und schläft zufrieden ein.

Ich bin gerne in meinem Garten. Dort kann ich nach Herzenslust hegen, pflegen, walten und gestalten. Dort kann ich das pflanzliche und tierische Leben beobachten, wie es sich seinen Platz sucht und findet, wie es sich ausdehnt, gedeiht und im Wandel der Jahreszeiten immer wieder verändert. Aus winzigen Samen werden jedes Jahr aufs Neue wie durch ein Wunder große, stattliche Pflanzen. Sie werden zu einem Gaumenschmaus, zu einem Genuß für meine Nase oder zu einer Augenweide. Aus winzigen Larven, Eiern und hilflosen kleinen Tierchen werden größere und überaus aktive Lebewesen. Viele dieser Lebewesen sind ständig damit beschäftigt, meinen Gartenboden zu verbessern und kranke oder tote Pflanzen und Tiere in gesunde Nährstoffe umzuwandeln. Alle wirken zusammen, damit das Leben gesund und kraftvoll bleibt. Alle? Das Leben könnte so wunderbar und friedlich sein, wenn da nicht die Störenfriede wären. Störenfriede wie die Nacktschnecken.

Was sich in der kleinen Anfangsgeschichte aus der Sicht einer Schnecke sehr beschaulich und friedlich darstellt, war für mich zu Beginn meines Gärtnerdaseins der absolute Schrecken. Der Schock und die Enttäuschung über den Verlust meiner ersten liebevoll gehegten Setzlinge saßen mir lange und tief in den Knochen. Für viele Jahre war ich zerrissen zwischen meiner Liebe zur Natur und einer tiefen Abneigung gegen die Nacktschnecken, zwischen dem Bedürfnis nach Frieden und der Notwendigkeit zum Krieg in meinem Garten, zwischen der Hoffnung auf eine einfache Lösung und der Enttäuschung, wenn mein Salat doch wieder zu Tode gefressen war. Als die Schnecken dann auch noch meinen geliebten Thymian kahlgenagt und sich am Salbei ergötzt hatten, die beide eigentlich zu den resistenten Pflanzen zählen sollen, war ich bereit, aufzugeben. Mit dieser Bereitschaft ging aber auch eine Anerkennung für diese Überlebenskraft, Beharrlichkeit und Lebendigkeit einher, die den Schnecken in so besonderem Maße eigen ist. Nach und nach hat sich auf dieser Grundlage mein Gärtnerleben verändert. Denn ich erkannte:

Nur wenn ich mich mit einem mächtigen Gegner respektvoll auseinandersetze, habe ich eine Chance, mit ihm in Frieden zu sein. Und Schnecken sind sehr mächtig!

Ich habe angefangen, mit den Schnecken zu reden.

Jeder, den ich kenne, redet mit Hunden. Selbst Menschen, die keine Hunde haben, reden mit jedem x-beliebigen fremden Hund, als ob das ganz normal wäre. Und praktisch alle Hundebesitzer fühlen sich von ihren vierbeinigen Freunde besser verstanden als von den meisten ihrer Mitmenschen.

Ich kenne aber nur wenige Leute, die mit Schnecken reden, nicht einmal mit ihren eigenen. Ich kenne kaum jemanden außer mir, der sich von seinen Schnecken verstanden fühlt. Und das, obwohl das Zusammenleben zwischen Mensch und Schnecke mindestens so alt ist wie das zwischen Mensch und Hund. Lediglich im Mittelalter gab es ein paar kulinarisch interessierte Mönche, die in ihren Klostergärten mit den damals nicht als Fleisch betrachteten Weinbergschnecken etwas inniger verbunden waren. Vermutlich ließen sie ihnen auch das eine oder andere freundliche Wort zukommen wie: »Wachset ihr kleinen Schleimer, damit wir während der Fastenzeit etwas zu essen haben.«

Allerdings ist es bei Hunden verständlich, daß wir Menschen mit ihnen reden. Sie sind groß und schnell, sie können mit den Zähnen fletschen und kräftig zubeißen. Hunde schauen einen direkt an und wedeln mit dem Schwanz, wenn sie sich freuen. Nun fragt man sich natürlich zu Recht: »Warum sollte man sich zum Affen machen und mit Schnecken reden wollen?«

Aber wäre es nicht für jeden Gärtner ein Segen, wenn er einfach nur »Pfui!« oder »Aus!« zu rufen bräuchte, sobald sich eine Schnecke über seinen Salat hermachte? Wenn diese dann ein für allemal wüßte, daß Salat tabu ist? Wenn sie es sogar noch allen ihren Freunden weitererzählen würde?

Ha! Ha! Ha! denkt sich da wohl mancher Leser, da er weiß, daß das normalerweise noch nicht einmal bei Hunden oder gar bei unseren lieben Mitmenschen klappt.

Ich war so frei und hab's ausprobiert. Aus meinem Garten wurde quasi eine »Hundeschule« für Schnecken. Das Benimm-Training für die lieben Kleinen fand abends in der Dämmerung für die Dauer von etwa zwanzig bis dreißig Minuten statt. Und das Wunder geschah: Nach einigen Wochen konnte ich mich gemütlich zurücklehnen und den

lieben Gott einen guten Mann sein lassen. Und das jetzt schon seit mehreren Jahren. Überall in und um meinen Garten wimmelt es des Nachts von Schnecken. Sie tummeln sich im Komposthaufen, im Wildstaudengebiet, im Rasen, beim Nachbarn, nur nicht in meinen mir teuren Blumen-, Kräuter- oder Gemüsebeeten.

Inzwischen komme ich mit allen Schneckenarten in meinem Garten recht gut aus. Die üblichen Bekämpfungs- und Schutzmöglichkeiten sind mir aus eigener Erfahrung zwar bestens bekannt, ich verschwende damit jedoch keine Energie mehr. Allenfalls helfe ich den Schnecken, nicht zu sehr in Versuchung zu geraten. Das Wissen um die Besonderheiten dieser Lebewesen, das Interesse an ihnen, wohl noch mehr aber der Respekt und die Zuneigung erlauben mir bisweilen, mich in die Schnecken geradezu hineinzufühlen.

Dieses Buch soll eine Hilfe sein für all diejenigen, die Frieden in ihrem Garten und in ihrem Leben wünschen, die des Kämpfens um ihren Salat müde sind und für die in aller Regel völlig sinnlose Schneckenbekämpfung kein Geld mehr ausgeben wollen. In fünf einfachen und verständlichen Schritten kann jede Gärtnerin und jeder Gärtner erfahren und selbst erproben, wie man mit den Schnecken klar und wirkungsvoll Vereinbarungen treffen kann.

Die Grenzen der Schneckenbekämpfung

»Aaahhhrrrggg!!!« Meine Augen stolpern entsetzt durch das Frühbeet und bleiben an blaßgrünen Pflanzenruinen hängen. Denn Salat kann man diese Überbleibsel meines gestrigen Stolzes wohl kaum noch nennen. Ich schlucke den wachsenden Kloß in meinem Hals hinunter und beginne mit der Spurensicherung. Denn Spuren haben die Zerstörer massenhaft hinterlassen. In zähen Schleimfäden hängen Tautropfen glitzernd in der Morgensonne. Bezaubernd schön könnte dieser Anblick sein, wären da nicht die kahlen Blattgerippe, von denen aus sich die Fäden zu Boden spannen. Schneckenschleim und Wolkenbruch! So früh habe ich nicht mit ihnen gerechnet. Habe mich zu sicher gewähnt. Ich weiß natürlich, daß sich Schnecken tagsüber gerne verkriechen und habe extra einige Bretter zwischen den Beeten ausgelegt, um künstliche Unterschlupfmöglichkeiten für die Schnecken zu schaffen. Ich drehe ein Brett am Rande des Frühbeetes um und werde tatsächlich fündig. Drei kleine Nacktschnecken haben sich an der Unterseite festgeklebt und schlafen friedlich. Richtig unschuldig sehen sie aus. Aber das kann mich nicht täuschen. Ohne nachzudenken oder zu zögern, greife ich zur Gartenschere. Selbstjustiz ist angesagt. Ratsch! Und Ratsch! Und nochmals Ratsch!

Nun doch etwas schuldbewußt, aber auch mit gerechtfertigtem Trotz im Blick schaue ich mich nach erfolgreicher Vergeltungsaktion um. Mein Blick schweift dabei auch ängstlich besorgt über die paar Salatpflänzchen, die das nächtliche Treiben überstanden haben. Irgendwo versteckt lauern bestimmt noch mehr Schnecken, gut verborgen, unauffindbar, bereit für weitere Schandtaten. Die jungen Pflanzen sind hier nicht mehr sicher. Und das Jahr hat gerade erst begonnen. Wie soll einem das Gärtnern da noch Spaß machen. Wut, Schuldgefühle und Sorge weichen nun wachsender Frustration und Unsicherheit. Dabei wird mir immer mehr bewußt, wie wenig ich tatsächlich über Schnecken weiß. Was sie mögen, was sie nicht leiden können. Was sie brauchen, wem sie nützen. Ich brauche dringend Rat und Hilfe. Entschlossen steige ich in mein Auto und fahre in die Stadt, gehe zu dem Buchladen, in dem ich so gerne stöbere. In der Gartenabteilung fällt mir dieses Buch in die Hände, und ich beginne darin zu blättern. Bereits die Einleitung weckt mein Interesse und jetzt bin ich mir sicher, daß ich dieses Buch unbedingt haben muß. Etwas beruhigt und doch auch gespannt fahre ich nach Hause zurück. Glücklicherweise sind die restlichen Pflänzchen noch wohlauf! Ich besorge mir einen bequemen Gartenstuhl und setze mich wachsam neben dem Beet in die Frühlingssonne, hole das Buch hervor und beginne zu lesen.

Es ist nicht nur der Respekt und die Liebe zur Natur, die beim Umgang mit Schnecken eine Änderung dringend nahelegen. Es ist vor allem auch ein Zeichen von Intelligenz, neue und bessere Lösungen zu suchen, wenn es immer klarer wird, daß die bisherigen Maßnahmen versagt haben. Denn trotz der jahrzehntelangen massiven und weltweiten Vernichtungskampagne gedeihen gerade die Nacktschneckenpopulationen besser denn je. Dafür gibt es Gründe, und deshalb brauchen wir neue Lösungen.

Für all diejenigen, die noch nicht sämtliche Methoden der Schneckenbekämpfung selbst ausprobiert haben, fasse ich hier zunächst einige Erfahrungen zu den gebräuchlichsten Strategien zusammen:

Massakrierung – Schnecken zerschneiden
Schnecken mit der Gartenschere zu zerschneiden ist eine effektive und schnelle Methode. Ich habe sie selbst lange Zeit praktiziert. Zum einen befriedigt dies den gelegentlichen Rachedurst, zum anderen erscheint es auf den ersten Blick dauerhaft und endgültig. Ich habe mich auch eher gefreut als gewundert, als die Schneckenleichen anderntags oft spurlos verschwunden waren. Daß meine Pflanzen weiterhin angefressen waren, hat meinen Schneidetrieb eher bestärkt. Eines Abends konnte ich dann beobachten, daß die Schnecken mit offensichtlich großem Appetit ihre toten Artgenossen verspeisten. Dafür kamen sie wohl sogar von weither, was meine Nachbarn sicher glücklich machte. Leider sind die zugewanderten Schnecken nicht wieder nach Hause zurückgekrochen, sondern fanden meinen Garten wohnenswert und meine Pflanzen lecker.

Verbannung – Schnecken sammeln und wegbringen
Sofern man die eingesammelten Schnecken nicht beim Nachbarn »entsorgt«, ist dies eine grundsätzlich edle Idee. Andererseits haben Schnecken wie wir Menschen die Angewohnheit, zu wandern und neue, leere und vor allem fruchtbare Landstriche recht schnell zu besiedeln. Diese Besiedlung geht wesentlich rascher als annodazumal die indogermanische Völkerwanderung. Wenn man also nicht auf einer Insel wohnt, die von keinem Schiff angefahren wird, hat man kaum Hoffnung auf ein schneckenfreies

Dasein. So war vor 1970 im deutschsprachigen Raum die Spanische Wegschnecke praktisch noch unbekannt. Seit dieser Zeit hat sie jedoch bereits den halben Kontinent erobert, immer bereit, die Lücken in den Reihen der harmloseren Arten zu füllen, die durch die Schneckenbekämpfung kurzzeitig entstehen.

Verbarrikadierung – der Schneckenzaun

Die alten Chinesen hatten schon vor vielen Hundert Jahren die Idee, durch den Bau der Chinesischen Mauer die wilden Horden aus dem Norden daran zu hindern, in ihr Land einzufallen. Die Mongolen und andere Reitervölker ließen sich dadurch aber nicht aufhalten. Ähnliches gilt für die Wirkung des Schneckenzauns. Zum einen sind sie für Schnecken nicht alle und nicht generell unüberwindbar, zum anderen bilden sich während der Wachstumsphase schnell Lücken in der Verteidigungslinie, und er muß in der Zeit regelmäßig kontrolliert werden. Alle Pflanzen innerhalb und außerhalb des Schutzgebiets sollten daher in ausreichendem Abstand zur Barriere gepflanzt werden, damit sich keine Wanderbrücken bilden können. Man sieht also am besten von Beginn an entlang der Schneckenzäune recht breite, vegetationsfreie Zonen vor. Schnecken, die sich während des Aufbaus der Barrikade in Erdritzen verborgengehalten haben, muß man nach und nach absammeln und aus dem Schutzbereich entfernen. Andererseits werden über die Komposterde leicht Schneckeneier eingeschleppt und können für neuen Verdruß sorgen. Ein Schneckenzaun ist nicht gerade billig, absolut keine Augenweide, pflegeintensiv und bietet keine garantierte Sicherheit. Einige der Schnecken, die ich in einem Versuchsaufbau aus nach innen ausgerichteten handelsüblichen Schneckenzaunelementen eingesperrt hatte, konnten über Nacht entkommen.

Elektrifizierung – der Elektro-Schneckenzaun

Diese Idee eines unbekannten Elektrotechnikliebhabers fand bei mir keinen Einsatz. Die Lösung war mir schlicht zu teuer und zu aufwendig. Vielleicht war ich auch nicht verzweifelt genug. Der Elektrozaun ist feuchtigkeitsempfindlich, pflegebedürftiger als alle anderen Barrieren und hält, wenn überhaupt, nicht nur Schnecken von den Beeten fern, sondern auch vieles andere, auf das ein gesunder Garten nicht verzichten will. Den regelmäßig erforderlichen Batteriewechsel sollte man sich als Elektro-Schneckenzaun-Betreiber im Wartungskalender vormerken.

Verhinderung – sonstige Wanderschranken

Den Ritterburg-Variationen sind keine Grenzen gesetzt. Die tatsächliche Wirksamkeit ist jedoch sehr von der Burggrabenpflege, der Witterung und dem Hunger der Schnecken abhängig. Gesteinsmehlstreifen beispielsweise wirken am besten bei andauernder Trockenheit, also dann, wenn sowieso weniger Schnecken unterwegs sind. Bei erhöhter Feuchtigkeit, wenn die Schnecken auf Nahrungssuche gehen, verlieren sie rasch ihre Wirkung. Stroh andererseits hält den Boden feucht und bietet dadurch einen geeigneten Schneckenunterschlupf.

Ein Wassergraben verspricht Burggrabenromantik und kann je nach gestalterischem Geschick schön aussehen, die Wirkung ist im Vergleich zum Aufwand aber eher dürftig oder gar nicht vorhanden. Ich habe Schnecken schon durch fast einen Meter breite Wassergräben schwimm-kriechen sehen.

Verlockung – die Bierfalle
Die Bierfalle muß eine bayerische Idee sein, denn sie hat viel Ähnlichkeit mit einem Biergarten. Zwar lockt auch eine Bierfalle unzählige Schnecken an, jedoch habe ich festgestellt, daß die Tiere vernünftiger sind als wir Menschen und nur ein geringer Anteil der angelockten Schnecken sich im Bier ertränkt. Die meisten machen sich, angeregt durch die Bierdünste und mit grandiosem Biergarten-Apetit lieber über die umliegenden Pflanzen her. Einzig die Nachbargärtner mögen vielleicht den Vorteil haben, daß ihre Schnecken Richtung Biergarten abwandern.

Verschleimung – Schneckenkorn auf Metylaldehyd-Basis
Auch Chemiker wollten ihren Teil zur Gartenkultur beitragen und haben die chemische Kriegsführung in die Gärten getragen. Dieses handelsübliche Schneckenkorn führt bei allen Schneckenarten zur vermehrten Schleimbildung und dadurch zur inneren Austrocknung. Die Schneckenleichen und die Schleimspuren sehen häßlich aus, der Erfolg ist jedoch zweischneidig. So haben unsere empfindlicheren einheimischen Arten, insbesondere die in der Regel recht harmlosen kleineren Schalenschnecken, dadurch verstärkt der robusteren spanischen Wegschnecke Platz gemacht. Diese kann den chemischen Angriff und das dadurch bewirkte Ausschleimen durchaus überleben. Die rasche Verbreitung der spanischen Wegschnecke wurde durch die massive Verwendung von Schneckenkorn vermutlich sogar unterstützt. Die chemische Keule soll dagegen bei vielen anderen Tieren im Garten durchaus Wirkung zeigen – leider. Dieses Gift darf deshalb (wenn überhaupt) nur für zwei Anwendungen (!) pro Saison ausgebracht werden.

Aushungern – Schneckenkorn auf Ferramol-Basis

Diese Methode der chemischen Kriegsführung für Öko- und Biogärtner, die den Vorteil hat, daß man die Schneckenleichen nicht mehr sieht, trifft alle Schneckenarten gleichermaßen. Durch die Aufnahme von Ferramol verlieren die Schnecken ihre Lust am Fressen, verstecken sich mit einem Sättegefühl irgendwo in der Erde und sollen dort im Idealfall verhungern. Dies geschieht auch, wenn die Schnecke außer Ferramol keine Nahrung zu sich nehmen kann, weil im Umkreis von zwei Metern nichts Interessantes wächst. Anderenfalls scheidet die Schnecke das Ferramol irgendwann wieder aus und ist hungriger als je zuvor. Wird jedoch der Kompostproduzent und Abfallbeseitigungsdienst »Schnecke« tatsächlich dezimiert, so können mehr Duftstoffe in den Beeten liegen bleiben, was wiederum benachbarte Schnecken verstärkt anlockt. Es wird damit geworben, daß Ferramol aus natürlich vorkommenden Bestandteilen besteht und daher für die Umwelt keine Gefahr darstellen soll, jedoch macht mich eine Begrenzung in der Anwendung auf viermal je Saison mißtrauisch.

»Hält uns der Gärtner eigentlich für so blöd, daß wir schon wieder auf die Körner hereinfallen, die uns immer so den Appetit verderben?« Stieli richtet die Augenstiele fragend auf Kriecher. Der zuckt nur kurz mit dem Rückenschild und schnuppert mit seinen Riechstielen weiter an einem der blaugrünen Brocken, die hier überall herumliegen. »Riecht aber echt lecker. Vielleicht, wenn ich nur einen kleinen Bissen rasple?« Stieli lächelt, und die Zähne auf ihrer Zunge leuchten im Mondlicht: »Bei deinem Übergewicht kann es vielleicht nicht schaden, wenn du für eine Zeitlang deine

Eßlust verlierst. Aber raspel nicht zu viel davon, sonst kann das leicht dein Hungertod werden.« Kriecher zuckt zurück und zieht ruckartig seine Seh- und Riechstiele ein. »Au weia! Nee, auf meinen Appetit will ich auf gar keinen Fall verzichten, dann entgehen mir ja die ganzen Köstlichkeiten, die wir uns für heute Nacht vorgenommen haben«, entgegnet er ganz kleinlaut. Er weiß natürlich so gut wie Stieli, daß grenzenlose Eßsucht eins seiner Probleme ist. Diese hat ihn schon des Öfteren in Schwierigkeiten gebracht. »Es ist schon gut, Freunde wie dich zu haben, Stieli, die kein Blatt vor den Mund nehmen, ohne gleich reinzubeißen.« Er nimmt noch einmal einen dicken Geruchsfaden des Schneckenkorns in sich auf. Dann folgt er Stieli mit vor Heißhunger heraushängender Raspelzunge. Auf seinem Schleimweg Richtung Nachtmahl hört er Stieli weiter vorne vor sich hinmurmeln. »Ich weiß auch nicht, was der Gärtner sich dabei denkt? Ich bin doch wohl wirklich nicht zu dick und brauche bestimmt keinen Appetitzügler.«

Infizierung – Nematoden

Wo ein Krieg ist, finden sich offensichtlich auch bald willige Entwickler geeigneter Biowaffen. Als »Phasmarhabditis hermaphrodita« sind so genannte Nematoden erhältlich, Kleinstlebewesen, die gezielt Schnecken als Wirte benutzen. Die Wirkung ist sowohl auf die kleineren schädlichen Schnecken als auch auf die kleineren unschädlichen Schneckenarten gleich gut. Die großen Wegschnecken, insbesondere die spanischen, werden von den Nematoden dagegen wenig beeinflußt. Einige Tage nach der Besiedlung durch die Nematoden hören die kleineren Schnecken auf zu fressen und sterben später ab. Dadurch schaffen sie mehr Platz für die Großen. Inwiefern Nematoden auch andere wertvolle Gartenhelfer befallen, sollte noch genauer untersucht werden.

Verätzung – Salz

Durch Salz wird die Körperoberfläche der Schnecken verätzt und die Schnecken geschädigt bzw. unter Qualen getötet. Ebenso ergeht es vielen der Gartenpflanzen, denen salzhaltige Böden nicht gut bekommen. Es ist anzunehmen, daß andere Schnecken ihre gesalzenen und verendeten Artgenossen ebenso gerne fressen wie die ungesalzenen und extra angelockt werden.

Vertreibung – Geruchspflanzen

Auf einigen der hochgepriesenen geruchsintensiven Pflanzen wie beispielsweise dem Thymian, der ja einigermaßen schneckenresistent sein soll, fanden in meinem Garten zu Beginn wahre Schneckenorgien statt. Vielleicht ist das dem südländischen Einfluß der spanischen Wegschnecke zu verdanken. Sicher ist, daß Schnecken manche Gerüche mögen und andere nicht, wobei die Vorlieben aus unbekannten Gründen gelegentlich wechseln. Sicher ist auch, daß sie von vielen Pflanzen definitiv die Raspelzungen lassen. Ihr Geruchssinn ist jedoch äußerst differenziert, so daß sie trotz unappetitlicher Nebengerüche ihre Leibspeise ganz sicher finden. Andererseits kann man sehr wertvolle Pflanzen recht zuverlässig mit einem ausreichenden Wall aus Lebermoos schützen. Aber wer will schon vornehmlich einen Lebermoosgarten?

Geburtenkontrolle – Schneckeneier vernichten

Schneckeneier zu vernichten, sofern man sie findet, ist hilfreich. Allerdings legt jede Schnecke bis zu fünfhundert

Eier in der Erde ab, so daß kaum alle aufgefunden werden können, um eine merkliche Verminderung des Bestandes zu erreichen. Das in der Natur geltende Prinzip des Gleichgewichts zwischen Nahrungsangebot und Nahrungssuchenden wird sich denn auch durch Zuwanderung rasch wieder einstellen.

Zersetzung – Schnecken verjauchen
Schneckenjauche stinkt abscheulich und hält sicherlich so manchen Gärtner aus seinem eigenen Garten fern, verspricht bei den kannibalischen Schnecken jedoch weniger Wirkung. Zumindest meine Versuche haben sie nicht sonderlich beeindruckt. Vermutlich reizt sie der Restgeruch nach ihren toten Artgenossen eher zu verstärkter Nahrungssuche.

Verbrennung – Schnecken veraschen
Schnecken zu trocknen, dann zu verbrennen und die übrigbleibende Asche im Garten auszubringen ist eine Methode, die bisweilen in der anthroposophischen Demeter-Gärtnerei Anwendung findet. Die Schneckenasche soll die Schnecken wohl abschrecken. Dies ist allerdings mit viel unangenehmer Arbeit verbunden. Ich wurde kein Freund davon und vielleicht war meinem halbherzigen Versuch deshalb kein Erfolg beschieden.

Aufregung – die Kaffeelösung
Die zufällige Entdeckung, daß Schnecken auf das Besprühen mit verdünnter Kaffeelösung eventuell mit Sterben reagieren, löst bei den Schnecken auf alle Fälle etwas aus. Wie wir Menschen, werden sie unter dem Einfluß von Kaffee zuerst ziemlich hektisch, um kurze Zeit später schlapp in

eine Lethargie zu verfallen. Diese dauerte meiner Beobachtung nach je nach Kaffeekonzentration bis zu einer Stunde an. Irgendwann kamen sie wieder zu sich und wanderten weg, um sich zu verkriechen. Ob sie dort an Spätfolgen starben und als anregender Leichenschmaus ihre Verwandten anlockten oder nach einiger Zeit wieder fit waren, konnte ich nicht feststellen.

Verfütterung – indische Laufenten

Die aus Asien stammende Entenart zeichnet sich durch eine steil aufgerichtete Körperhaltung mit nahezu aufrechtem Gang und einen langen, schlanken Körper aus. Dies hilft ihr, besser durch das Gemüse und die Salatpflanzen zu watscheln. Indische Laufenten essen gerne Schnecken. Jedoch essen sie mit wechselnden Vorlieben dazu auch Grünes. Deshalb ist es am besten, sie nur kurzzeitig und unter Bewachung in die zu schützenden Beete zu lassen. Positive Erfahrungsberichte halten sich mit Berichten über radikalen Kahlfraß an allen möglichen und unmöglichen Pflanzen die Waage. Neben den Fraßschäden an Wasser-, Blumen-, Gemüse- und Salatpflanzen können auch Probleme durch das Niedertreten der Pflanzen und durch Kotverschmutzungen entstehen. Die Tierhaltung ist entsprechend aufwendig, auch was das Zufüttern, die Stallungen und die Versorgung mit Wasser usw. betrifft. Wer jedoch Haustiere mag, hat an den scheuen und agilen Enten sicher seine Freude.

Renaturierung – natürliche Schneckenfeinde

Viele der natürlichen Feinde der Schnecken gehören inzwischen leider selbst schon zu den bedrohten Tierarten unserer Kulturlandschaft, z.B. Igel, Frösche, Kröten, Salamander,

Spechtmeise, Würger oder Blindschleiche. Andere Schneckenfeinde sind in unseren Gärten selbst nicht gerne gesehen, z.B. Maulwürfe, Elstern und Möwen. Es bleiben also noch die Amseln, Drosseln, Stare und Spitzmäuse. Bei Amseln und Drosseln konnte ich nie beobachten, daß sie tatsächlich Schnecken gefressen haben, solange noch ein Wurm in der Nähe war. Daß ihnen die bittere spanische Wegschnecke schmeckt, ist zu bezweifeln. Auch der in meinem Garten wohnende Igel tut sich mit den Schnecken schwer. Wenn man jedoch der Gartenlandschaft erlaubt, sich wieder zu einer natürlichen, gesunden und starken Mischlandschaft zu entfalten, werden sich die natürlichen Schneckenfeinde bald wieder einfinden. Diese beginnen dann schon bei den Eiern und dem Nachwuchs, den Bedarf an Schnecken zu regulieren. Und bei einem gesunden Boden und einer gesunden Vegetation gibt es für Schnecken nicht sehr viel Bedarf, denn die Hauptaufgabe der Schnecken besteht in der Transformation von kranken, schwachen, toten und vermodernden Pflanzen und Tieren zu Kompost.

Automatisierung – der Slugbot

Der Slugbot ist so etwas, wie ein Schnecken fressender Roboter. Als Prototyp kostet diese englische Hightech-Erfindung schlappe 100.000 €. Der energieautarke Slugbot soll in der Lage sein, sich innerhalb bestimmter Grenzen frei zu bewegen, Schnecken selbständig zu erkennen, einzusammeln und zu einer Energie-Verwertungsstelle zu bringen, an der er sich mit der aus den Schnecken gewonnen Energie selbst wieder auftanken kann. Dies funktioniert in pflanzenloser Umgebung, z.B. in einer Wüste wohl schon recht passabel. Wer also im Winter oder in seinem Stück Wüste für Schneckenfreiheit sorgen will, viel Geld hat und für jeden Spaß zu haben ist, kann sich einen Slugbot zulegen.

Zusammenfassung

Es gibt noch einige weitere Methoden, die Hilfe gegen die Schneckenplage versprechen. Die Ausbringung von »Effektiven Mikroorganismen« (EM) soll beispielsweise über eine Reduzierung der Fäulnisbildung längerfristig dazu beitragen, auf natürliche Weise die Schneckenpopulation zu reduzieren. Für diese Methode existieren bisher jedoch weder bei mir noch in der einschlägigen Literatur gesicherte Erkenntnisse über eine langfristige Wirksamkeit. Es kann jedoch sicherlich davon ausgegangen werden, daß ein gesunder Boden und eine gesunde Vegetation für die meisten Schnecken wenig verlockend sind. Wenn also das Ausbringen von »Effektiven Mikroorganismen« das Bodenklima tatsächlich entsprechend verbessert, kann sich die gewünschte Wirkung im Hinblick auf die Schnecken durchaus einstellen.

Alle Schneckenarten vermehren sich bei Bedarf in sehr großer Anzahl, und zwar so lange, bis sich ein Gleichgewicht mit der Menge des verfügbaren Nahrungsangebots, den Freßfeinden und dem vorherrschenden Klima einstellt. Obwohl sprichwörtlich langsam, sind Schnecken ausdauernde Wanderer. Sie nehmen sich Zeit, ihren Weg zur Nahrung zu finden. In ihren Bemühungen, Hindernisse zu überwinden, sind sie äußerst beharrlich. So werden Lücken in den Reihen der Schnecken immer wieder rasch geschlossen. Insbesondere in einer Umgebung, in der die Pflanzen geschwächt sind, weil sich zum Beispiel unterschiedliche, sich gegenseitig unterstützende Pflanzenarten nicht mehr gegenseitig stärken können, fühlen sich Schnecken recht wohl. Viel Fäulnisbildung im und über dem Boden verspricht den Schnecken auch auf größere Entfernung hin ausreichend Nahrung für viele Generationen.

Ein bemerkenswertes Ergebnis der jahrzehntelangen intensiven Schneckenbekämpfung in Mitteleuropa ist auch, daß sich die spanische Wegschnecke aufgrund ihrer Robustheit, ihres bitteren Geschmacks und dadurch mangels natürlicher Feinde immer weiter verbreitet. Allerdings hat die intensive Vernichtungswelle der letzten 50 Jahre auch noch eine ausreichende Anzahl heimischer Exemplare übrig gelassen, um uns Gärtner entweder in den Wahnsinn zu treiben oder zum Umdenken zu bewegen.

Die Entdeckung des Schneckenflüsterns

»Du redest mit den Schnecken?« Meine Gartenfreundin Christine zieht ungläubig ihre Augenbrauen hoch und legt ihre Stirn in zarte Falten. »Warum nicht? Du redest doch auch mit deinem Hund«, versuche ich mich zu verteidigen. Christines Stirn entspannt sich etwas: »Das ist doch ganz etwas anderes. Mein Hund ist intelligent und versteht genau, was ich sage. Aber Schnecken? Igitt! Die sind doch eklig und blöd.« Jetzt regt sich in mir Widerspruchsgeist. »Die sind viel schlauer, als du denkst. Vielleicht sogar schlauer als dein Hund. Immerhin haben sie es geschafft, frei zu bleiben und sind nicht von uns Menschen abhängig geworden.« »Schon gut, schon gut«, beruhigt Christine mich lächelnd. »Dann erzähl doch mal, wie du darauf kommst, mit ihnen zu reden.« Während ich ihr also berichte, wie ich wegen der Schnecken verzweifelt war, wie ich alles versucht habe, der Schneckenplage Herr zu werden, komme ich immer mehr in Fahrt. Es wird eine lange Geschichte. Eine Geschichte von Mord und Totschlag, von Verletzungen und von Rache. Es wird aber auch eine Geschichte von Veränderung, von Erfahrungen und vom Lernen. Schließlich wird es eine Geschichte von Verstehen, von Frieden, Respekt und von der Liebe. »Das Tolle ist, daß es so einfach ist und daß es tatsächlich funktioniert«, beende ich meinen Vortrag. Dann herrscht eine Zeitlang Stille. »Wow!« schafft es Christine endlich herauszubringen. Und nach einer weiteren Pause: »Ich werde das so bald wie

möglich in meinem Garten ausprobieren. Und ich finde, du solltest das ganze unbedingt aufschreiben.«

Mit einer Mischung aus Wut, Hilflosigkeit und Bedauern habe ich jahrelang fast jede Vernichtungsmethode gegen Schnecken ausprobiert: Zerstückeln, Ertränken, Verbrennen, Vergiften und alles Mögliche und Unmögliche mehr. Das tat meinem Rachedurst zwar meistens gut, nicht jedoch meinem Seelenfrieden. Auch meinen Pflanzen half es nicht viel. Auf jede tote Schnecke folgten aus dem Untergrund zwei lebende nach. Sie folgten dem verlockenden Duft, den ihre toten Artgenossen verströmten. Dann ehrten sie ihre verblichenen Märtyrer, indem sie sie verspeisten. Als Appetitanreger für meinen Salat oder meinen Thymian oder meine Lilien. Von diesen und von anderen mir lieben Pflanzen fraßen sie dann mehr als ihre Vorgänger.

Ich lernte daraus und brachte die Schnecken fortan ins Exil. Zunächst so weit weg, wie ich werfen konnte, also in die Gärten meiner Nachbarn. Irgendwann taten mir meine Nachbarn leid und ich verbannte die Schnecken in eine Entfernung von einigen Nachtmärschen, also einige hundert Meter. Schließlich setzte ich sie irgendwo fern meines Gartengebietes aus, also quasi in Schnecken-Sibirien. Ich hatte einige, so wie ich meine Bienenköniginnen markierte, mit einem weißen Punkt gekennzeichnet. Daher bin ich mir relativ sicher, daß diese es nie mehr zurück in meinen Garten geschafft haben. Doch dafür kamen andere. Das entstandene Vakuum schien ganze Heerscharen neuer, feindlicher Salatliebhaber anzusaugen. Vielleicht entsorgten auch einige meiner Nachbarn ihre Schnecken bei mir.

Ich lernte weiter und errichtete einen Schutzwall, eine Große Mauer gegen einfallende Schneckenhorden. Der

Schneckenzaun versprach Sicherheit für meine Pflanzen und Frieden für mich. Er sah nicht sehr schön aus. Er war relativ teuer. Er war pflegeintensiv und erforderte tägliche Kontrollgänge. Mein Seelenfrieden war mir das wert. Einige Untergrundler, die sich wohl vor dem Mauerbau in meiner Schutzzone verborgengehalten hatten, konnte ich erst nach und nach fassen. Mit dem Gefühl der relativen Sicherheit erlahmten zuerst mein Fleiß und dann meine Achtsamkeit. Die Natur nahm ihren Lauf. Mit dem Lauf der Natur wuchsen entlang des Schneckenzauns grüne Wanderbrücken, und es kamen wieder vermehrt Schnecken. Gleichzeitig schlich sich auch schon der Nachwuchs als blinde Passagiere mit der Komposterde ein. Das ganze war weder etwas für meine Gartenästhetik, noch stand der Aufwand im Verhältnis zum Nutzen!

Ich lernte noch mehr und fing an, meine Feinde genauer zu studieren. Ich sammelte Informationen aus Büchern und aus dem Internet. Ich ließ sie leben und beobachtete sie bei ihren Aktionen. Einige Exemplare brachte ich dazu in einer provisorischen Forschungsstation unter, erbaut aus nach innen gerichteten Schneckenzaunteilen. Dort konnte ich sie beobachten, zumindest so lange, bis sie auf mysteriöse Weise entkamen. Aber in meinem Garten gab es ja genügend Nachschub. Ich stellte mit ihnen verschiedene Versuche an und testete unter anderem ihre Reaktion auf das Besprühen mit unterschiedlich verdünnten Kaffeelösungen. Das Beobachten erforderte Geduld. Ich nahm mir die Zeit.

Der Lohn kam völlig unerwartet. Je mehr ich über die Schnecken erfuhr, desto mehr Respekt und Achtung bekam ich vor diesen Tieren. Je mehr ich sie beobachtete, desto ruhiger und stiller wurde ich innerlich. Es kam der Punkt, an dem ich anfing, meine ehemaligen Feinde zu lieben. Dies brachte mich zunächst in ein ziemliches Dilemma. Töten wollte ich die lieben Kleinen nicht mehr, und den Garten mit unsicheren Barrikaden zu verschandeln, war mir auch zuwider. Und wie diese Maßnahmen, hatten alle anderen letztlich auch keine befriedigende Lösung gebracht. Auf schöne, bunte, knackige und gesunde Pflanzen wollte ich jedoch nicht verzichten.

Ich dachte nach und tat dann das Undenkbare: Ich begann, mit den Schnecken zu reden. Selbstverständlich kam ich mir zunächst einmal recht blöd vor. Ich bin etwa 50 Jahre alt und kann noch keine Altersdemenz geltend machen. So stotterte ich vor mich hin, ganz leise, damit mich ja keiner hört. Mein Flüstern war zu leise für die Kleinen. Daß ich da vor mich hinbrabbelte, hat sie denn auch nicht weiter gestört. Und geändert hat es zunächst gar nichts.

Ich dachte weiter nach, während ich mich gelegentlich zu den Schnecken ins Gras setzte und ihrem Treiben zusah. Wie krieg ich es hin, daß mich die Schnecken wahrnehmen, daß sie mir zuhören und verstehen, was ich ihnen sage? Wie bekomme ich sie dazu, meine Kulturpflanzen zu verschonen? Schließlich kam ich auf fünf grundlegende Bestandteile, die für mich und eine Verständigung mit diesen Tieren erforderlich waren und die zum gewünschten Erfolg führten:

Ich mußte zunächst die Eigenschaften und Qualitäten dieser Tiere kennenlernen, um sie besser verstehen zu können.

Ich mußte genügend Respekt vor ihnen entwickeln, damit sie für mich offen und erreichbar wurden.

Ich mußte innerlich langsamer werden, um mich auf die Wellenlänge einer nonverbalen Kommunikation mit ihnen einzustimmen.

Ich brauchte ihre ungeteilte Aufmerksamkeit, während ich mit ihnen sprach, damit mein Anliegen bei ihnen Gehör fand.

Ich mußte deutlich, klar und aufrichtig mit ihnen kommunizieren, um nicht mißverstanden zu werden.

Bei der ganzen Entwicklung war es für mich ein Segen, daß ich in meinem Garten ausreichend geschützt war, so daß es nicht zu peinlich wurde, einfach »ins Leere« zu reden. Mit zunehmendem Erfolg und Vertrauen ging diese anfängliche Scheu aber nach und nach ziemlich verloren.

Dies war der Anfang vom Ende meiner Schneckenprobleme. Ich probierte es von Ende April bis Mitte Juni aus und hatte in diesem Jahr erstmals keine nennenswerten Pflanzenschäden durch Schnecken mehr. Am Jahresende konnte ich es selbst noch nicht recht glauben. Zum Beginn des neuen Gartenjahres kostete es mich daher erst einmal reichlich Überwindung, die Kommunikation mit der neuen Schneckengeneration wieder aufzunehmen. Aber es klappte wieder, obwohl ich dieses Mal mein Schneckentraining schon Anfang Juni beendete. Inzwischen ist es schon zur Routine geworden. Während der Pflanzzeit, sobald neue und gefährdete Pflanzen austreiben oder ins Freiland kommen, schaue ich einfach für einige Abende kurz bei ihnen vorbei, sage Hallo zu den Pflanzen und zu den angerückten und noch uninformierten Schnecken, sammle sie ab und rede kurz mit ihnen. Dann bringe ich sie dahin, wo sie keinen Schaden anrichten können und wo sie geduldet sind. Auch damit sie wissen, wo ihr Platz ist. Das genügt.

Bei einem abendlichen Gartenspaziergang treffe ich auf unzählige Schnecken. Auf der Wiese, im Komposthaufen, am Bachufer, im Wildstaudenbereich. Auf einem vollkommen kahlgefressenen Rainkohl etwa acht Meter von meinem Salat entfernt, saßen wochenlang Nacht für Nacht bis zu einem halben Dutzend brauner Wegschnecken eng beieinander, wie an der Theke ihrer Stammkneipe. Ich finde jedoch kaum mehr welche in meinen Gemüsebeeten, im Kräuterbereich oder in den Blumenrabatten. Kopfsalat, Endiviensalat, Spinat, Möhren, Erbsen, Bohnen, Tomaten, Mangold, Rote Beete, Radieschen, Thymian, Lilien – das ist fast alles nur für mich. Ich muß in meinem Garten nicht kämpfen, mir die Hände schleimig und mein Gewissen schmutzig machen, um meine Pflanzen zu verteidigen.

Beispiele erfolgreicher Kommunikation mit Tieren

Mit Tieren zu kommunizieren und eventuell sogar mit ihnen verbindliche, funktionierende Vereinbarungen zu treffen, ist nichts Neues oder Außergewöhnliches. Eine spontane und intuitive Kommunikation mit Tieren ist für praktisch jeden von uns so alltäglich, daß wir sie nicht einmal mehr als etwas Besonderes wahrnehmen. Sei es mit unseren Hunden, Katzen, Pferden, Meerschweinchen, Kanarienvögeln, den Fischen in unseren Aquarien oder den Motten in unseren Lebensmitteln, mit allen haben wir schnell eine Beziehung, mit allen reden wir munter drauflos. Unsere spontanen Ansprachen werden leider von vielen dieser Tiere nicht sofort verstanden, so daß wir z.B. im Falle der Motten meist doch noch auf eine deutlichere Art darauf hinweisen müssen, daß sie in unserer Küche nicht erwünscht sind. Besteht allerdings über längere Zeit eine liebevolle Beziehung, so werden wir von unseren Tieren auch ohne besondere Maßnahmen verstanden. Diese intuitive Art der Kommunikation, die für jeden tierlieben Menschen ganz natürlich und selbstverständlich ist, gehört eigentlich in den Bereich des Wunderbaren und tatsächlich schon Außersinnlichen.

Meistens sind wir aber doch wesentlich stärker fasziniert von Menschen, die über ganz besondere Fähigkeiten mit Tieren zu verfügen scheinen: Pferdeflüsterer, Elefantenführer, Menschen, die unter Wölfen, Gorillas oder Krokodilen leben. Solche Menschen nutzen für ihre Form der Kommunikation in einem hohen Maß Erkenntnisse, die auf einer genauen Beobachtung der spezifischen Verhaltensweisen der jeweiligen Tiere beruhen. Dies ist also im Grunde lediglich eine traditionelle wissenschaftliche Vorgehensweise, zu der praktisch jeder Mensch fähig ist, der über eine gute Beobachtungsgabe, durchschnittliche geistige Fähigkeiten und bei manchen Tieren über eine gehörige Portion Mut verfügt.

Ebenso faszinierend sind Geschichten und Berichte, in denen es um Geistverbindungen zwischen besonderen Menschen und lebenden Tieren oder Tiergeistern, z. B. Krafttieren geht. In dem Film »Smaragdwald« konnten sich manche Mitglieder des »Unsichtbaren Volkes« im Amazonasdschungel mit dem Geist eines Adlers verbinden, nachdem sie bestimmte Drogen eingenommen hatten. So etwas ist nicht nur im Film sehr hilfreich, wenn man einen besseren Überblick erhalten will und die Bäume des Dschungels um einen herum dicht und hoch sind. Mit oder ohne Drogen besaßen und besitzen die Schamanen fast aller Traditionen tatsächlich in gewisser Weise die Fähigkeit, mit dem Geist bestimmter Tiere, mit Krafttieren oder mit anderen Naturgeistern in Kontakt zu treten.

So gibt es im großen und ganzen drei unterschiedliche Formen der Kommunikation mit Tieren, die man als die intuitive, die wissenschaftliche und die schamanische Form der Kommunikation bezeichnen kann. Die Schamanen, Verhaltensforscher, Dompteure und Hundebesitzer unter den Lesern mögen mir verzeihen, wenn ich diese Kommunikationsarten zum besseren Verständnis scharf getrennt, quasi in scharz-weiß darstelle. Die Praxis ist selbstverständlich wie so oft grau, und es findet meist eine Vermischung dieser Arten statt.

Die intuitive Art mit Tieren zu reden

Die vermutlich am weitesten verbreitete Kommunikation mit Tieren erfolgt intuitiv. Wenn wir einfach spüren, was in unserem geliebten Haustier vorgeht, wenn wir intuitiv erfassen, was es fühlt oder braucht, nutzen wir diese einfache Form der Kommunikation. Bei Tieren, mit denen ich für längere Zeit in einer stärkeren Verbundenheit gelebt habe, wurde mir dieses Mitfühlen und wortlose Wissen oft sehr vertraut. Dazu bedurfte es keiner Sprache, ja, oft nicht einmal des direkten, persönlichen Kontaktes. Es bedurfte lediglich der entsprechenden Gelegenheiten und etwas Übung. Das intuitive Erspüren ist eher wie ein leises Flüstern, und man muß im Grunde einfach nur lernen, diesem Flüstern zu vertrauen.

Mein erster Hund hieß Karl Valentin und hatte Schlappohren. Er war eine gesunde Mischung aus allen unmöglichen Rassen, wobei ihm der Schäferhund am deutlichsten anzusehen war. Er wuchs in einer Landkommune auf, mit etwa neun Kindern und dreißig Erwachsenen, war sehr kinderlieb, aber ansonsten schien er keine große Leuchte zu sein. Erziehung war mir bei ihm aus eigener Unerfahrenheit aber auch wegen der vielen anderen, sich ständig widersprechenden »Erziehungsberechtigten« nicht wirklich geglückt. Bei einer Prüfung als gehorsamer Hofhund hätte er garantiert den letzten Platz belegt oder wäre gar nicht erst zugelassen worden. Aber Valentin war ein großer Jäger. Und auf dem Land in Niederbayern gab es reichlich Gelegenheit und Wild. So büchste er fast täglich aus und jagte, wann immer seine feine Nase ein Reh, einen Hasen oder ein vorbeifahrendes Auto witterte. Eines Tages kam es, wie es kommen mußte. Mit vorgehaltener Flinte überredete mich ein Bauer, mit ihm ein frisch gerissenes Reh am Waldrand zu besichtigen. Er beschuldigte Valentin der Wilderei und erstattete anschließend bei der Polizei Anzeige. Am darauf folgenden Tag, Valentin verfolgte anscheinend gerade mal wieder eine Spur, denn von ihm selbst war keine Spur zu sehen, kamen zwei sehr ernst dreinschauende bayrische Gendarmen vorbei. Sie fragten sich bis zu mir durch, und ich mußte mich notgedrungen als Halter und Verantwortlicher „in Sachen Valentin" zu erkennen geben. Es wurde die Anklage verlesen. Valentin war der Wilderei und des Herumstreunens bezichtigt und ich der Vernachlässigung meiner Erziehungs- und Halterpflichten. Insbesondere warfen sie mir vor, daß mir der Hund nicht gehorche, weshalb er in ein Tierheim müsse. Natürlich widersprach ich an dieser Stelle vehement. Doch bayerische Gendarmen sind schlau. Lächelnd baten sie um einen Gegenbeweis. Inzwischen wurde mir etwas warm im Gesicht, und Gedanken wie »Mist«, »Verdammt« und »Valentin, du Hund« gingen mir durch den Kopf. Wider bessere Erfahrung ging ich vor die Tür, pfiff einmal und rief nach Valentin. Den Polizisten fiel die Klappe herunter, und mir ein Stein vom Herzen. Von ganz weit weg und wie der Blitz über Stock und Stein springend, kam Valentin angerast. Er setzte sich auf Kommando vor mich hin und schaute mich aus wachen Augen aufmerksam an. Ganz das Bild eines äußerst gehorsamen, wohlerzogenen und artigen Hof- und Wachhundes, der jetzt geduldig auf die nächste Anweisung wartet. Als die Polizisten etwas verdattert wieder abgezogen waren, beendete Valentin die Vorstellung, ließ sich kurz knuddeln und loben, dann widmete er sich wieder mit ganzem und vermutlich stolzem Herzen seiner Jagdleidenschaft.

Mein Hund Valentin spürte offensichtlich, daß ich und sein freies Jägerleben irgendwie in Gefahr waren und reagierte darauf mit einem geradezu unglaublichen Anfall von Intelligenz und Aufmerksamkeit. Es sind unzählige derartige Fälle bekannt, in denen Tiere spürten, daß ihre menschlichen Freunde irgendwo anders in Gefahr waren und darauf mit Zeichen höchster Aufregung reagierten. Dies ist nicht nur ein beliebtes Spannungsmoment in Fernsehserien, wie um die Colliehündin »Lassie« oder den Delphin »Flipper«, sondern es geschieht tatsächlich häufig auch im normalen Alltag.

Diese intuitive und geistige Form der Kommunikation wird also von fast allen Menschen mehr oder weniger bewußt praktiziert. Dennoch verdanken wir Wissenschaftlern wie Rupert Sheldrake, daß sie etwas mehr reale, nachweisbare Substanz und größere öffentliche Aufmerksamkeit erhalten hat. Sheldrake hat nachgewiesen, daß ganz gewöhnliche Hunde zweifelsfrei spüren konnten, wenn ihr Besitzer am entfernten Arbeitsort in seinen Wagen stieg, um nach Hause zu fahren. Auch wenn dieser Zeitpunkt willkürlich gewählt wurde, erhoben sich manche dieser Hunde nach ausgiebiger Mittagsruhe genau dann und setzten sich in Bewegung, um ihr Herrchen am Gartentor in Empfang zu nehmen. Es gibt von Sheldrake und seiner inzwischen recht großen Fangemeinde sehr viele Versuchsreihen, mit denen diese oder ähnliche Phänomene untersucht wurden. Diese Versuche sind durchaus zur Nachahmung und zum Experimentieren zu empfehlen.

Eine solche Art der Kommunikation, dieses Spüren, wurde schon vielfach erforscht, ist jedoch immer noch nicht wissenschaftlich anerkannt und stichhaltig bewiesen. Aber selbst aus konservativer wissenschaftlicher Sicht kann inzwischen als sicher angenommen werden, daß es intuitive Kommunikation gibt. Damit hat es sich aber schon. Wie die Informationen übertragen werden, wie sie ausgesendet werden, wie sie empfangen werden, welche Regeln es dabei gibt, warum es manchmal funktioniert, manchmal aber auch nicht, all dies kann man wissenschaftlich noch nicht einmal ansatzweise erklären.

Wenn ich in meinem Garten bin und mich auf das natürliche Geschehen dort einlasse, wenn ich intuitiv am Leben der Tiere und Pflanzen teilhabe, sind mir jedoch Antworten auf solche Verständnisfragen nicht wirklich wichtig. Dann bin ich einfach froh, daß es diese intuitive Form der Kommunikation für mich gibt und es mir so leicht ermöglicht, mich mit anderen Teilen der Natur verbunden zu fühlen.

Die wissenschaftliche Art mit Tieren zu reden

Wenn man Tiere genau beobachtet, kann man ganz typische Verhaltensweisen feststellen, die jeder Tiergattung eigen sind. Aus dieser sogenannten »verhaltenspsychologischen« Betrachtung lassen sich einfache Kommunikationsregeln ableiten. Diese erlauben uns, die Tiere in ihrer Reaktion auf bestimmte Ereignisse und Reize zu verstehen. Sie erlauben uns auch, durch bestimmte Gesten und Reize gezielt Reaktionen und Verhalten bei den Tieren auszulösen. Im Grunde ist dies bereits eine Sprache. Sie besteht dabei aus Gesten, Körperhaltungen, Verhaltensweisen, Lauten, Gerüchen und eventuell auch gesprochenen Worten wie z.B. »Sitz« oder

»Pfui«. Diese einfachen Sprachen werden insbesondere bei der gewaltfreien Dressur und bei jeglicher Erziehung und Schulung von Tieren angewandt. In dieser Art von Sprache sprechen, meist unbewußt, fast alle Menschen täglich miteinander, mit ihren eigenen oder mit fremden Tieren. Wenn ein Mensch sein Gesicht auf eine bestimmte Art verzieht, weiß jeder, was damit gemeint ist. Wenn ein Hund mit den Zähnen fletscht, ist nicht nur anderen Hunden klar, daß Vorsicht geboten ist.

Viele Menschen wissen, wie man einen Hund dazu bringt, auf ein Zeichen oder ein Wort hin Männchen zu machen, sich hinzusetzen oder zum Freßnapf zu kommen. Andere wissen, wie man Pferde auch ohne Kandare und Sporen dazu erziehen kann, auf Kommando rückwärts zu galoppieren, Pirouetten zu drehen oder Sattel und Reiter zu akzeptieren. In der Zirkusmanege machen gute Dompteure mit Hilfe dieser einfachen Sprachen aus wilden Löwen scheinbar zahme Hauskätzchen oder lassen feuerscheue Tiger durch brennende Reifen springen.

Auch Pferdeflüsterer nutzen ihr Wissen über die Körpersprache und die Verhaltensweise der Pferde. Mit Gesten und Körperhaltungen, die von Pferden verstanden werden, die ihnen vertraut sind, bauen sie nach und nach eine stabile Kommunikationsverbindung auf. Im Verlauf dieses »Gesprächs« zwischen Pferd und Pferdeflüsterer entsteht eine Beziehung, die auf Vertrauen, Achtung und Verständnis beruht. Und was kann entspannender und heilsamer sein, als wenn man sich verstanden fühlt.

»Du Stieli, ist dir auch schon aufgefallen, daß unser Gärtner immer genau dann im Gemüsegarten auftaucht, wenn wir dort raspeln wollen?«, fragt die braune Nacktschnecke

Kriecher eines Abends nach längerem Grübeln. Stieli schließt nervös ihr Atemloch und zieht mehrmals hintereinander ihre Augenstiele ein, um sie dann immer gleich wieder auszustülpen. So hat Kriecher sie noch nie erlebt. »Vielleicht gibt es unter uns einen Verräter?!« flüstert sie endlich ganz leise, so daß er sie kaum verstehen kann. Kriecher richtet seine Augenstiele nachdenklich Richtung Gemüsegarten. »Ach was! Das glaub ich nicht. Ich denke eher, daß der Gärtner inzwischen einfach sehr genau unsere Freßgewohnheiten kennt.« Er dehnt sich lang aus und bläht dabei selbstbewußt sein Atemloch ganz weit auf. »Aber was der kann, können wir schon lange!« Stieli bekommt ganz glänzende Stielaugen. Sie mag es, wenn Kriecher so männlich und so sicher ist. »Ist dir schon mal aufgefallen, daß er noch nie nach Mitternacht im Garten aufgetaucht ist?« Kriechers Rückenschild schwillt an vor lauter Stolz auf sich selbst. »Wenn wir uns also bis dahin im Komposthaufen die Zeit vertreiben, können wir uns später in aller Ruhe und ungestört am frischen Grünzeug im Gemüsebeet vergnügen.« Auch Stieli ist jetzt ganz begeistert von ihrem Kriecher: »Au ja! Laß uns doch gleich unseren Freunden Bescheid geben, daß wir uns dann heute Nacht erst später beim Salat treffen.« Kriecher ist einverstanden und raspelt mit seiner Zunge liebevoll etwas Schleim von Stielis Fußsaum: »Weißt du, es ist immer gut, den Gärtner genau zu beobachten und möglichst viel über ihn zu lernen. Das macht uns das Leben gleich viel leichter.«

Die schamanische Art mit Tieren zu reden

In entlegenen oder von unserer abendländischen Welt sonst irgendwie vergessenen Gegenden der Erde hat sich bis heute vielfältiges schamanisches Wissen in den unterschiedlichsten Kulturen erhalten. So berichtet Doug Boyd in seinem Buch über Rolling Thunder, einen Schamanen der schon etwas älteren Neuen Indianerbewegung folgendes:

»Rolling Thunder war mit einer Schülerin unterwegs, um eine bestimmte Heilpflanze zu sammeln. Die blühenden Pflanzen waren jedoch voller Bienen, die emsig Nektar sammelten. Als die Schülerin Angst davor hatte, wie schon so oft zuvor gestochen zu werden, beruhigte er sie und erklärte ihr, wie unbegründet ihre Angst sei. Er forderte sie dann auf, klar, laut und deutlich zu den Bienen zu sprechen, ihnen zu erklären, wofür sie die Pflanzen bräuchte, und mit ihnen zu vereinbaren, die Pflanzen gerecht zu teilen. Dabei machte er ihr deutlich, daß die Bienen nicht die Worte selbst verstehen würden, jedoch die Botschaft dahinter. Als sich die Schülerin danach den Pflanzen näherte, um ihren Anteil davon zu pflücken, rückten die Bienen bereitwillig beiseite. Sie muckten nur einmal auf, als die Schülerin von einer Pflanze zu viel abschnitt und damit die Vereinbarung zu brechen drohte.

Rolling Thunder soll es nicht darum gegangen sein, seiner Schülerin etwas zu beweisen. Er wollte Menschen, die bereit dafür waren, neue Gedanken und Aspekte eröffnen. Es ging ihm darum zu zeigen, wie leicht es sein kann, z. B. auch mit Bienen zu reden und Vereinbarungen zu treffen. Und daß es etwas ist, das jeder versuchen kann.«

Es gibt aber auch in unserem mitteleuropäisch und christlich geprägten Kulturkreis Verbindungen mit Tieren, die durchaus schamanische Züge haben. So soll Franziskus von Assisi die Gabe besessen haben, friedlich und im Einklang mit ansonsten scheuen und wilden Tieren zu sein. Die Überlieferung berichtet eine für Franziskus typische Geschichte:

»Ein reißender Wolf versetzte die Umgebung der norditalienischen Stadt Gubbio in Angst und Schrecken. Die Bürger warnten Franziskus, der dem Wolf entgegentreten wollte: ›Hüte dich, Bruder Franziskus! Geh nicht alleine vors Stadttor! Der Wolf hat schon viele Menschen gefressen, er wird auch dich jämmerlich töten!‹ Dennoch ging Franziskus ohne jeden Schutz in den Wald, nannte den Wolf seinen Bruder und versprach ihm, für seine tägliche Nahrung zu sorgen. Entsprechend dieser Vereinbarung lebte der Wolf unter den Stadtbewohnern. Von Tür zu Tür ließ er sich versorgen, ohne jemandem ein Leid anzutun. Nie wurde er von einem Hund angebellt. Die Leute fütterten ihn freundlich, bis er schließlich an Altersschwäche starb.«

Franziskus von Assisi ist wohl einer der ganz wenigen Fälle, in denen ein Mensch vor allem auch wegen seiner schamanischen Fähigkeiten von der katholischen Kirche heilig gesprochen wurde. In Mitteleuropa haben sich ansonsten die ursprünglichen schamanischen Traditionen über viele Jahrhunderte hinweg weitgehend in den Untergrund verziehen müssen. Viel wertvolles schamanisches Wissen ging verloren, nachdem in unserem Kulturkreis dieses Wissen fast ausgelöscht wurde. Inzwischen wird es jedoch wieder gesellschaftsfähig, und es branden seit einigen Jahren vermehrt schamanische Wellen aus Nord- und

Südamerika, aus Afrika, Asien oder Ozeanien an unsere Bewußtseinsstrände. Leider haben wir aber in unserer heutigen Gesellschaft noch keine neue und intakte schamanische Infrastruktur entwickelt. Sonst könnten wir bei unseren Schneckenproblemen einfach den zuständigen Schamanen in der Nachbarschaft bitten, mit dem »Großen Schneckengeist« günstige Vereinbarungen für uns und unseren Garten zu treffen.

Die Arten, wie Rolling Thunder, andere Medizinmänner und Schamanen oder auch wie Franziskus von Assisi mit Tieren kommunizieren, sind sich überraschend ähnlich. Dies ist um so erstaunlicher, wenn man bedenkt, daß die indianische Kultur und die Kultur des christlichen Mittelalters kaum unterschiedlicher sein könnten. Wichtige Bestandteile der »schamanischen« Kommunikation mit Tieren bestehen dabei in der Klarheit der eigenen Absicht und in einer aufrichtigen Verbindlichkeit. Ein noch wichtigerer Bestandteil eines »schamanischen« Umganges mit Tieren ist jedoch der Respekt und die Achtung vor der Natur. Zum Respekt vor der Natur gehört meiner Einsicht nach vor allem aber auch die Erkenntnis, daß es an der Natur nichts zu verbessern gibt. Sie ist perfekt, so wie sie ist. Es genügt, wenn man die Natur, selbstverständlich auch die eigene, wahrnimmt bzw. »für wahr nimmt« und liebevoll, vielleicht auch mit Dankbarkeit und etwas Demut, unterstützt.

Nutzbare Kräfte für die Kommunikation mit Tieren

Leider reicht unsere menschliche Sprache allein nicht aus, um Vereinbarungen mit Tieren zu treffen oder sie zu einem bestimmten Verhalten zu erziehen. Meist bedarf es dafür sogar zwischen Menschen mehr als nur gesprochener Worte. Um als »Tierflüsterer« erfolgreich zu sein, können wir aber glücklicherweise auf wunderbare Hilfsmittel und Möglichkeiten zurückgreifen, die uns die Natur zur Verfügung stellt. Manche dieser Mittel nutzen wir bereits recht häufig, ohne uns dessen bewußt zu werden und nennen es dann »spüren«, »fühlen« oder »eine Eingebung haben«. Respekt und Liebe, gepaart mit innerer Ruhe und Ausgeglichenheit öffnen für uns ganz wie von selbst neue Kommunikationskanäle, und es werden in uns natürliche Kräfte wach. Diese Kräfte ermöglichen uns eine intuitive und unmittelbare Verbindung mit unseren tierischen Gesprächspartnern. Es war für mich möglich, also ist es auch für jeden anderen Menschen möglich, die Öffnung dieser Kanäle und die Erweckung dieser Kräfte bewußt zu unterstützen und so eine direkte Verbindung auch mit Tieren herzustellen. Mit Hilfe dieser direkten Verbindung ist es nur noch ein kleiner Schritt, mit ihnen funktionierende Vereinbarungen zu treffen.

Die Kraft des Verstehens

Es ist ganz natürlich, daß wir Menschen oder Tieren, die uns fremd sind und die uns feindselig oder gar unheimlich erscheinen, zunächst vorsichtig und vielleicht sogar mißtrauisch begegnen. Falls wir mit ihnen dennoch zu einer friedlichen Verständigung kommen wollen, zum Beispiel um nicht mehr länger unter ihnen zu leiden, müssen wir zuallererst einmal die Vorurteile, die wir möglicherweise über sie gesammelt haben, durch Wissen und persönliche Erfahrung ersetzen. Je mehr wir über ein Tier lernen, desto besser können wir es verstehen und desto besser können wir mit ihm dann auch umgehen. In aller Regel werden wir recht schnell feststellen, daß auch das gräßlichste Tier gar nicht so schlimm, häßlich oder dumm ist, wie wir vorher gedacht haben.

Uns zu informieren und uns Wissen anzueignen ist etwas, das wir normalerweise schon von Kindesbeinen an lernen und uns also recht leichtfallen sollte. Inzwischen gibt es zu fast allem und jedem eine überwältigende Fülle an verfügbaren Informationen, sei es in Büchern wie diesem, in Zeitschriften oder im Internet. Diese dürfen wir zuerst einmal in Anspruch nehmen und können so noch etwas verschnaufen und Sicherheit gewinnen, bevor wir uns dann dem »Feind« persönlich nähern. Wenn wir genügend Informationen zum Beispiel über ein bestimmtes Tier gesammelt haben, fällt es uns gleich viel leichter, ihm objektiv gegenüberzutreten. Unsere Angst, Abscheu oder unser Ekel sind dann nicht mehr so vorherrschend.

Das Kennenlernen geht natürlich auch ausschließlich und direkt über die persönliche Begegnung und Beobachtung. Es ist jedoch meist der etwas schwierigere Weg, da er uns vor größere emotionale Herausforderungen stellt. Einer meiner Lebenslehrer gab mir dazu einmal folgenden Rat, den ich gerne weitergebe:

»Wenn du einen anderen Menschen nicht leiden kannst, wenn er dir total unsympathisch ist oder du ihn vielleicht sogar zum Kotzen findest, so beobachte ihn genau, studiere jede seiner Gesten und Bewegungen. Imitiere ihn zu Hause vor dem Spiegel bis ins kleinste Detail und versuche dabei, noch besser zu sein als er selbst.« Ich hab's gemacht und den mir unsympathischsten Typen weit und breit ausgesucht. Ich habe ihn insgeheim beobachtet, habe ihn unter Überwindung einiger innerer Widerstände imitiert und mich schließlich dabei im Spiegel beobachtet. Irgendwann mußte ich schließlich herzhaft über mich und meine Projektionen lachen. Den Mann habe ich seither ohne Wenn und Aber in mein Herz geschlossen.

Wenn wir unser Interesse an den anderen also nicht nur auf ihre Schwächen beschränken und darauf, wie toll wir selbst doch sind oder wie wir sie am leichtesten besiegen und beseitigen können, dann werden wir recht schnell feststellen, daß jedes Lebewesen einmalig und äußerst interessant ist. Ab hier kann es dann richtig spannend werden und sich für uns ein neues Kapitel im Abenteuerroman unseres Lebens öffnen. So bekam ich vor vielen Jahren ein wunderschön gestaltetes Buch über die heimische Vogelwelt geschenkt. Zunächst interessierten mich nur die Bilder und die dazugehörenden kurzen Beschreibungen. Aber meine Neugier war geweckt. Ich fing an, erstmals die Vögel in meinem Garten wahrzunehmen und sie genauer zu beobachten. Dann nahm ich an einigen vogelkundlichen Wanderungen teil, die in der Nähe angeboten wurden. Nach und nach lernte ich einige der Vogelstimmen kennen und unterscheiden. Inzwischen sind nicht nur meine Augen offen, wenn ich durch den Wald gehe. Auch meine Ohren sehen mit, fügen auf magische Weise meiner Wahrnehmung eine weitere Dimension hinzu. Neue Welten öffnen dabei ihre verborgenen Türen. Wenn Vögel aus ihren sicheren Verstecken oder verborgen im Laub der Bäume singen und rufen, sehe ich sie dann oft zuerst mit meinen inneren Augen, bevor ich sie dann tatsächlich unterstützt durch diese inneren Bilder mit meinen normalen Augen finden und erkennen kann.

Mit jedem neuen Wissen, sei es über Vögel, Fische oder eben auch über Schnecken, hatte meine Neugier, Aufmerksamkeit und Wahrnehmung neues Terrain dazugewonnen. Mit jedem neuen Wissen war der Weg für Respekt, Zuneigung und Liebe zur Natur und zu diesen Tieren bereitet.

Die Kraft der Liebe

Manchen Wesen fällt es fast unverschämt leicht, geliebt zu werden. Aus freien Stücken sind wir bereit, ihnen alles zu geben, um sie glücklich und zufrieden zu machen. So haben Säuglinge, Hundewelpen, Katzenjunge oder Mäusebabys, ja, sogar außerirdische Filmhelden wie E.T., Alf oder die Gremlins eine Qualität, die mich spontan lächeln läßt und in mir unwillkürlich Zuneigung weckt. Ich kann dies eigentlich kaum verhindern. Dazu muß ich nichts über diese Wesen wissen. Es genügt, daß sie irgendwie niedlich und putzig aussehen und unbewußt mein Herz und meinen Beschützerinstinkt ansprechen.

Heranwachsende Menschen, Mäuse und Gremlins verlieren mit ihren länger werdenden Gesichtern und der

Entwicklung ihres eigenen Charakters in der Regel sehr schnell diese Qualität von Unschuld. Nacktschnecken, Zecken, Spinnen, Schaben, Ratten, Schlangen und Schnaken kommen zumeist in gar keiner Phase ihres Lebens in den Genuß menschlicher Wärme und Zuneigung. Unsere Sammlung an kollektiven Vorurteilen und Phobien lassen das gar nicht erst zu. Dies gilt vermutlich auch für manche menschlichen Volksgruppen und Glaubensgemeinschaften, die über Generationen hinweg gegenseitige Vorurteile pflegen und schüren.

Zuneigung oder zumindest Respekt kann sich aber auch einstellen, wenn wir zum einen genügend Wissen gesammelt haben und wenn wir dann im Schutz des erworbenen Wissens beginnen, unser Gegenüber genauer zu beobachten. So trat für mich mit neuem Schneckenwissen und der darauf folgenden Neugier und Faszination auch die Ebene von etwa einem Zentimeter über dem Erdboden aus ihrer Anonymität. Eine neue Welt breitete sich dort plötzlich aus und füllte sich mit pulsierendem Leben. Irgendwann mußte ich mich einfach ins Gras setzen, um die Schnecken zu beobachten. Da durfte ich dann erstaunt feststellen, mit welcher Eleganz und Grazie sie sich bewegen, wie sie ihren Weg finden, wie sie sich an Hindernissen verhalten, wie sie fressen, wie sie sich suchen, sich begegnen und wie sie sich paaren.

Aus dem angelesenen Wissen kann sich also mit dem Beobachten nach und nach Respekt entwickeln. Aus dem Respekt kann dann schnell eine Liebe für die grenzenlose Vielfalt und Ausdruckskraft der Schöpfung entstehen. Und es kann sich in uns sogar eine Zuneigung für den kleinen und ungewöhnlich schleimigen Teil der Natur entwickeln, den wir Nacktschnecke nennen.

Dieser Respekt, diese Liebe und Zuneigung ist eine Kraft, die neue intuitive Kommunikationskanäle öffnen kann. Das Spüren der Gefühle und Gedanken eines geliebten Tieres oder eines geliebten Menschen geschieht zwar scheinbar oft von allein. Was es jedoch immer dazu bedarf, ist ein gewisses Maß an Zuneigung. Es ist, wie wenn sich unsere Seelen berühren, wenn wir einander genügend zugeneigt sind. Diese »Berührung der Seelen« bildet die Brücke, die es uns ermöglicht, mit dem anderen mitzufühlen oder manchmal sogar seine Gedanken zu lesen.

Die Kraft der Langsamkeit

Ich hatte einmal einen Traum.

Ich befand mich in einem Zug. Dieser trommelte einen schnellen Rhythmus auf seine Gleise, während er dahinraste. Vom Rhythmus dieses Trommelns angetrieben, bewegte ich mich durch mein Abteil. Außer mir waren noch andere Menschen im selben Zug. Sie eilten ebenso geschäftig umher wie ich. Gelegentlich ergab sich ein kurzer Blickkontakt. Mehr war nicht möglich, denn schnell zog jeder wieder weiter, seinem eigenen Ziel entgegen. Dann und wann erhaschte ich einen Blick durch die trüben Fensterscheiben meines Abteils und sah das Leben draußen vorbeifliegen. Ich bemerkte dort auch andere Züge, die in alle möglichen Richtungen wild durcheinanderkreuzten. Die Reisenden in diesen anderen Zügen blieben mir ein Rätsel, wurden allenfalls Bestandteile vager Gerüchte. Im Vorbeirasen bildeten sie nur Schemen. Die Menschen in meinem Abteil schienen mir ein klein wenig vertrauter. Die Begegnungen waren jedoch nur kurz und oberflächlich. Meine Aufmerksamkeit blieb endlich an einem Mann hängen. Er trug eine bodenlange Robe und hatte einen langen weißen Bart – und er stand vollkommen still. Inmitten der wogenden Schemen war er wie ein Fixstern, eine helle Sonne. Der Mann schaute mich aus dunklen, eindringlichen Augen an. Seine Lippen bewegten sich. Ich konnte jedoch nicht verstehen, was er sagte. Eingefangen von seiner Anziehungskraft näherte ich mich ihm wie ein Planet in immer enger werdenden Kreisen. Das Raunen und Rauschen wurde dabei ständig lauter und eindringlicher. Endlich war ich ihm nahe genug und seine Stimme drang in mich ein: »Bleib stehen!« Die Worte wurden immer lauter und größer, bis sie hämmernd den ganzen Raum ausfüllten.

Heftig atmend und mit pochendem Herzen wachte ich auf.

Unsere normale Wahrnehmung ist oft urteilend und von unbewußten Bedürfnissen und Ängsten bestimmt. Alles wird dann sofort und ohne groß darüber nachzudenken in gut und in schlecht unterteilt. Irgendwie gehört es wohl für uns alle zur anerkannten Überlebensstrategie, daß wir uns möglichst schnell ein Urteil bilden wollen und müssen, um uns dadurch einen Vorteil zu verschaffen oder unsere Angst zu beruhigen. Diese Angewohnheit hat leider den Nebeneffekt, daß unsere Wahrnehmung sehr eingeschränkt wird.

Erlaube ich mir gelegentlich, auf das ständige, halbautomatische Urteilen zu verzichten und innerlich ruhiger und langsamer zu werden, zum Beispiel durch Meditation oder andere Formen von Besinnlichkeit, stellt sich auch meine Wahrnehmung relativ rasch um. Sie bekommt dann mehr Tiefe, mehr Farbe und sie wird detailgenauer. Ich selbst fühle mich ruhiger und dabei doch ekstatischer.

Innerlich und auch äußerlich langsamer zu werden, wird uns jedoch nicht gerade leicht gemacht. Um genau beobachten zu können und uns auf andere Lebewesen einzustimmen, brauchen wir jedoch diese Muße. Wenn wir nur in unseren Garten gehen, um möglichst schnell die notwendigsten Arbeiten zu erledigen, werden wir genauso schnell die Freude am Gärtnern verlieren. Wenn wir nur durch den Wald eilen, ohne uns Zeit zum Wahrnehmen zu gönnen, bemerken wir kaum einen Vogel oder ein anderes Tier, geschweige denn einzelne Bäume, Pflanzen oder Insekten. Wenn wir jedoch kurz innehalten und uns auf eine Bank oder ins Gras setzen, dauert es nicht lange, und wir kommen uns vor wie in einer spektakulären Tierdokumentation. Langsamer zu werden und uns damit gleichzeitig für neue Erfahrungen zu öffnen, ist notwendig, wollen wir uns selbst, die Natur und die Tiere um uns herum wirklich wahrnehmen und wollen wir selbst für andere nicht nur als Bedrohung erscheinen. Mit der inneren Ruhe, die sich dabei in uns ausbreiten kann, tauchen wir ganz leicht ein ins Hier und ins Jetzt. Ohne Anstrengung und wie von allein kann sich in uns ein Gefühl von Einssein ausbreiten. Dieses Gefühl von Einssein ist es auch, was die Brücke für eine Verständigung bildet, jenseits von Sprache, Gehirngröße oder Anzahl von Armen und Beinen. Menschen wie Franz von Assisi, Rolling Thunder oder andere, die mit der Natur, mit Pflanzen und Tieren auf eine tiefe Art verbunden sind, haben diese Qualität von urteilsfreier Besinnung und Langsamkeit.

Als Anregung, sich für besonders große Taten besonders viel Zeit zu nehmen, hinterließ ein japanischer Zen-Meister folgende Botschaft: »Besteige den Fuji, Schnecke, aber langsam, langsam.«

Die Kraft der Gedanken/ Morphogenetisches Feld

Um unsere Botschaft an den Mann beziehungsweise an das Tier zu bringen, helfen uns unsere Sprache und unser Wortschatz allein in der Regel nicht weiter. Als sprachunabhängiges Medium hat uns die Natur freundlicherweise das »Gedächtnisfeld der Natur« zur Verfügung gestellt. Dieses »Gedächtnisfeld der Natur« wird unter anderem von dem Biologen Rupert Sheldrake bereits seit 1988 erforscht und wurde von ihm auch als »morphogenetisches Feld« bezeichnet. Ein Feld, das alles durchdringt, substanzlos ist und unabhängig von Raum und Zeit. Ein Gedächtnisfeld, in dem wir unter bestimmten Voraussetzungen lesen können und das quasi als Brücke und als Übersetzungshilfe zwischen den verschiedenen Wesen und Lebensformen dienen kann.

Nach den umfangreichen und inzwischen recht gesicherten wissenschaftlichen Erkenntnissen kann tatsächlich davon ausgegangen werden, daß es ein natürliches Gedächtnisfeld gibt, in dem bestimmte Erfahrungen, die ein Mensch oder Tier auf der Welt machen, gespeichert werden. Aus diesem Gedächtnisfeld kann wiederum jeder Mensch und jedes Tier unter bestimmten Voraussetzungen Informationen wieder abrufen oder »nachlesen«. Dieses Feld stelle ich mir manchmal vor wie unser Internet, zu dem jeder Mensch auf der Welt seinen eigenen Zugang hat. Darin kann dann jeder seine Erfahrungen mitteilen und seine eigene Webseite laufend ergänzen und erweitern. Wenn ich eine bestimmte Frage habe, so kann ich diese Frage in eine Internetsuchmaschine eingeben und bekomme dann darauf eine Auswahl an Antworten. Je häufiger diese Frage bereits anderswo aufgetaucht ist und je mehr entsprechende Erfahrungsberichte vorliegen, desto schneller, genauer und klarer wird das Ergebnis der Suchmaschine und die Antwort sein. Einmal gemachte Erfahrungen gehen in diesem Internet nie mehr verloren und können von allen anderen Benutzern jederzeit und überall verwendet werden. Die Informationsmenge nimmt dabei ständig zu. Das kann dann zum Beispiel dazu führen, daß es zukünftigen menschlichen Generationen sehr viel leichter fallen wird, mit Windowsproblemen umzugehen, da ja immer mehr Menschen lernen, mit den vorhandenen Programmierfehlern zurechtzukommen und ihre Erfahrungen im Internet verbreiten.

Die Informationen in den morphogenetischen Feldern übertragen sich nach Rupert Sheldrake auf die einzelnen Lebewesen und Objekte durch die so genannte »morphische Resonanz«. Ihre Wirkung erstreckt sich über Raum und Zeit hinweg. Diesen Vorgang stelle ich mir im Fall der

Schnecken und dem Internet vereinfacht so vor: Eine Schnecke schreibt, nachdem sie gelernt hat, eine bestimmte Pflanze in Ruhe zu lassen, per »e-mail« sofort einen Rundbrief an alle Mitglieder ihrer Schneckenfamilie. Darin teilt sie ihnen ihre Erfahrung mit. Manche Schnecken vertrauen dem Rundbrief sofort, einige glauben noch nicht so recht daran und wollen erst selbst die Erfahrung machen. Aber sobald die etwas Ungläubigen es selbst gelernt haben, schreiben dann auch sie einen Rundbrief, in dem sie eindringlich darauf hinweisen, daß die erste Schnecke recht hatte. Über kurz oder lang wissen und glauben es dann alle.

Mit diesem Gedächtnisfeld wurde der Psychologe William McDougall bereits in den zwanziger und dreißiger Jahren des letzten Jahrhunderts unfreiwillig konfrontiert. Er hatte an der Harvard Universität einen Langzeittest durchgeführt, um herauszufinden, wie sehr die Intelligenz bei Ratten erblich sei. Die Fähigkeit, den richtigen Ausgang aus einem Wasserbecken zu finden, sollte dabei als Maß für die Intelligenz dienen. Kluge Ratten, die die Aufgabe schnell bewältigt hatten, wurden mit anderen klugen Ratten gekreuzt, die Spätzünder dagegen ausschließlich mit Artgenossen, die ebenfalls etwas schwerer von Begriff waren. Zweiundzwanzig Generationen später waren nicht nur die klugen Ratten deutlich schlauer geworden. Auch die Nachkommen der Spätzünder stellten sich im Durchschnitt zehnmal geschickter beim Bewältigen der Aufgabe an als zu Beginn der Untersuchungen. Hierfür gibt es in der orthodoxen Genetik bis heute keinerlei Erklärung. Die eigentliche Überraschung kam jedoch erst noch. Als McDougalls Experimente später in Australien wiederholt wurden, waren die Ergebnisse überwältigend. Schon die erste Generation von durchschnittlich intelligenten australischen Ratten löste die Aufgabe ebenso schnell wie McDougalls letzte Generation seiner besonders »klugen« amerikanischen Ratten.

Selbst traditionell eher »langsame« Wissenschaftler, wie beispielsweise die Schneckenforscher, sind bei ihren Verhaltensstudien darauf gestoßen, daß erlerntes Wissen unter Schnecken derselben Gattung auch auf größere Distanz irgendwie vererbt und weitergegeben wird. Eigentlich wollten auch sie zunächst nur die Intelligenz und die Lernfähigkeit von Schnecken untersuchen, fanden darüber hinaus indessen eindeutige Hinweise auf die Existenz des »morphogenetischen Feldes«. Ihr Versuchsaufbau war ganz einfach: Mit der Flut lassen sich bestimmte Meeresschnecken ans Ufer treiben, um während der Ebbe die Uferfelsen abzugrasen. Mit der nächsten Flut kehren sie dann wieder ins Meer zurück, um neue Weidegründe zu erobern. Nun haben unsere Forscher einen beliebigen Uferfelsen farbig markiert und die ankommenden Schnecken nur von diesem einen Felsen abgezupft und ins Meer zurückgeworfen. Es dauerte einige Tage und die neu ankommenden Schnecken begannen, diesen einen Felsen zu meiden. An einem anderen Uferabschnitt wurde später der Versuch wiederholt. Dort lernten die Schnecken deutlich schneller aus der Abzupf-Erfahrung und stellten ihr Verhalten bereits in der halben Zeit um.

Da wir mit an Sicherheit grenzender Wahrscheinlichkeit davon ausgehen können, daß weder unter den Ratten noch unter den Schnecken die erlernten Erfahrungen per Fax, SMS oder e-mail weitergegeben wurden, bietet sich als Erklärung eigentlich nur das »morphogenetische Feld« an.

Manche Forscher gingen noch einen Schritt weiter und über das Tierreich hinaus. So wurde auch bei Pflanzen zweifelsfrei nachgewiesen, daß von ihnen emotionale Botschaften und eindeutige Absichten empfangen und verstanden werden. Mit einem empfindlichen Galvanometer, zum Beispiel einem Polygraphen (Lügendetektor), können emotionale Reaktionen auf Taten, gesprochene Worte oder klare Absichten bei Pflanzen ganz einfach gemessen werden. Dies wurde schon 1966 durch Cleve Backster und danach von zahllosen anderen Forschern in unzähligen Experimenten untersucht. Backster führte unter anderem folgenden recht brachialen Versuch durch: Sechs Studenten mit verbundenen Augen zogen je ein Los. Eines davon enthielt die Anweisung, in einem anderen Raum von zwei Pflanzen die eine herauszureißen und zu zertrampeln. Dies hatte heimlich zu geschehen; außer der anderen Pflanze sollte niemand Zeuge sein. Nachdem das »Verbrechen« geschehen war, schloß Backster die überlebende Pflanze an ein Galvanometer an und ließ die Studenten nacheinander einzeln den Versuchsraum betreten. Auf fünf der Studenten reagierte die Pflanze nicht, aber sobald der Schuldige sich ihr näherte, setzte sich der Polygraph in aufgeregte Bewegung!

Inzwischen weiß man sogar, daß selbst Wassermoleküle differenzierte Informationen »verstehen« und speichern können. Der Japaner Masaru Emoto hat in vielen Beispielen dokumentiert, wie Wasser auf abgespielte Musik, gesprochene Worte, ja, sogar auf unausgesprochene Gedanken »reagiert« und sich die Struktur tiefgefrorener Wassertropfen ganz klar, eindeutig und jederzeit reproduzierbar entsprechend verändert.

Mit meinen eigenen Pflanzen wollte ich solche radikalen Versuche wie den von Cleve Backster nicht durchführen. Ich konnte aber selbst feststellen, daß freundliche Gefühle und Worte bei meinen Pflanzen sowohl zu einem Meßausschlag an meinem Galvanometer führten als auch immer wieder eine positive Wirkung auf sie haben. Auch bei den Schnecken in meinem Garten habe ich darauf verzichtet, sie an einen Polygraphen anzuschließen, denn bei ihnen konnte ich sehr einfach feststellen, daß sie mich verstanden hatten. Es war mir Antwort genug, daß sie nach und nach dazu übergingen, meine mir wichtigen Beete und Kulturpflanzen zu schonen.

Die Kraft der Aufmerksamkeit

Daß die Aufmerksamkeit eine eigene Kraft darstellt, merkt jeder, der versucht, etwas zu sagen, wenn seine Zuhörer mit den Gedanken ganz woanders sind. Das kann ganz schön frustrierend werden. Viele Gespräche verlaufen so, daß eigentlich nur Monologe stattfinden, die allenfalls den jeweiligen Redner selbst begeistern, sonst aber keinen bleibenden Eindruck hinterlassen. Eine gute Kommunikation beginnt immer mit der eigenen Aufmerksamkeit, mit der eigenen Fokussierung. Eine gute Kommunikation bedarf aber ebenso der Aufmerksamkeit des Gesprächspartners. Einer meiner Grundschullehrer pflegte verträumte Schüler mit Kreide zu bewerfen, um sie ins Hier und Jetzt zu befördern. Manche Menschen klopfen mit der Faust auf den Tisch oder fangen an, zu schreien, wenn sie nicht genug Beachtung finden. Bei den meisten Menschen oder Tieren nützen jedoch weder Kreideattacken noch Geschrei sehr viel. Sie laufen dann eher weg, wenn sie können, schalten auf stur oder verstehen die Welt nicht mehr. Eine willige Aufnahmebereitschaft zu erhalten, ist in der Tat oft eine große Kunst.

Einfacher kann man sich das Leben machen, wenn man zuerst einmal die wichtigsten Neigungen des anderen herausfindet und seine Bedürfnisse kennt. Über diese Bedürfnisse läßt sich der Pegel der Aufmerksamkeit meist recht gut steuern. Einen Alkoholiker fragt man vielleicht am besten nach einem Flaschenöffner und einen starken Raucher bittet man um Feuer. Beide sind dann bestimmt den jeweiligen Umständen entsprechend aufmerksam bei der Sache. Bei Hunden geht es ganz hervorragend über das Essen, bei Männern über den Sex oder ersatzweise über Autos. Dies wird in Hundeschulen, vor allem aber in der Werbung in großem Maß ausgenutzt. Bei Lebewesen, die zu keiner interessanten Käuferschicht gehören, muß man sich durch vorheriges Informieren und gutes Beobachten selbst ein Bild machen.

Die Naturkräfte

In fast allen schamanischen Traditionen spielt der Kontakt mit der Natur eine wichtige Rolle; sei es der Kontakt mit der Tierwelt, sowohl mit den realen Tieren als auch mit geistigen, wie Krafttieren; sei es der Kontakt mit den Naturgeistern wie Devas, Elfen, Wichten, Riesen, afrikanischen Kondomblis und den unzähligen anderen, oder sei es der Kontakt mit den Elementarkräften wie Erde, Sonne, Wasser, Feuer, Mineralreich, den Himmelsrichtungen des Medizinrades und so weiter. In vielen Kulturen sind die Naturkräfte fester Bestandteil des alltäglichen Lebens. Sie nehmen an den Mahlzeiten teil, indem sie ihren Anteil am Essen erhalten. Sie werden bei wichtigen Entscheidungen mit einbezogen und geachtet. All diese Naturkräfte scheinen sich riesig zu freuen, wenn wir sie wahrnehmen, beachten und an unserem Leben teilhaben lassen. Durch die liebevolle menschliche Anerkennung und Aufmerksamkeit auch der geistigen Kräften der Natur wird diese geradezu beseelt und beflügelt.

In der spirituell ausgerichteten Gemeinschaft von Findhorn in Schottland wurde bereits vor mehr als vierzig Jahren der Kontakt mit den verschiedensten Devas, Pflanzengottheiten und Naturgeistern gesucht und gepflegt. Dadurch gelang es, in der kargen schottischen Landschaft außergewöhnliche und wissenschaftlich nicht erklärbare landwirtschaftliche Erträge zu erzielen. Durch den »guten Draht« zur Natur wie in Findhorn, auf dem Krameterhof in Österreich oder im Garten meines Schwiegervaters kann das Ergebnis eine unerklärbar reichhaltige und üppige Vegetation und Ernte sein.

In unserem Bemühen, mit der Natur bzw. mit den Tieren in Verbindung zu treten und Vereinbarungen zu treffen, werden wir von den Naturkräften unterstützt. Sie genießen es, wenn sie unsere Aufmerksamkeit erhalten und zahlen es uns mit Dank zurück. Wenn ich mich beispielsweise mit einer Schnecke eine Zeitlang bewußt befasse, stelle ich immer wieder aufs Neue fest, daß diese nach und nach immer schöner wird, bunter, facettenreicher und strahlender. Ich vermute, das liegt daran, daß sie sich so sehr über meine Aufmerksamkeit freut. Ihr kleines Gegengeschenk an mich ist innere Ruhe und Ausgeglichenheit.

Praktisch: Vereinbarungen treffen mit Schnecken

Eine Alternative für Gärtner in fünf Schritten

»Onkel Hans-Peter, schau mal!« Meine achtjährige Nichte Mira kniet vornübergebeugt im Gras. Ihr Gesicht hängt dabei knapp über dem Erdboden und ist in ihren langen, dunkelblonden Haaren verborgen. »Was hast du denn jetzt schon wieder entdeckt?« Ich will jetzt eigentlich nicht gestört werden und lasse meinen Blick weiter an der Rose haften, die ich gerade hochbinde. »Die Schnecke hier hat ein Loch an der Seite. Wozu ist das gut?« »Atemöffnung«, presse ich heraus. Ich muß jetzt meine ganze Konzentration aufbieten, um meinen Blick weiter auf der Rose zu halten. »Und schau mal, sie hat vier Fühler, aber keine Augen. Ist sie blind?« Jetzt wird der Zug auf meine Konzentration zu stark und mein Blick verliert den Halt an der Rose. »Na gut!« Ich gebe nach und setze mich zu meiner Nichte ins Gras. »Siehst du die längeren Fühler da oben? Das sind die Augen. Die sitzen ganz außen auf den Stielen. Und mit den beiden kleineren Stielen darunter kann sie riechen.« Ein Lächeln stielt sich in meine Augen und in mein Gemüt, als ich ihr konzentriertes Gesicht betrachte. »Dann hat sie ja drei Nasen! Zwei Nasenstiele zum Riechen und eine Nasenöffnung zum Atmen, oder?« Ich stutze. »Du hast recht. Das ist mir noch gar nicht aufgefallen. Schau mal, die glatte Stelle am Rücken. Das ist ihr Rückenschild. Bei den

Nacktschnecken ist das alles, was von ihrem Schneckenhaus noch übrig geblieben ist.« »Oh die arme Nacktschnecke. Es ist sicher gar nicht schön, sein Haus zu verlieren.« Mitleid schwingt in Miras Stimme, und ich muß mir ein Lachen verkneifen. »Ich glaube, die Nacktschnecken wollen gar kein Haus mehr haben. So sind sie viel freier, können sich schneller bewegen, besser an den Pflanzen hochklettern und sich in Erdritzen viel leichter verstecken.« Meine Nichte klatscht in die Hände. »Gut gemacht, Schnecke!« Wir bleiben noch eine Weile zufrieden beieinander sitzen und beobachten die Schnecke, wie diese langsam unter einem dichten Blätterdach verschwindet.

Erster Schritt: Die Schnecke kennenlernen

Entwicklungsgeschichtliches und Verbreitung

Es war vor etwa sechshundert Millionen Jahren. Erst vor kurzem hatten sich die ersten Meere gebildet. Das warme Wasser wimmelte aber bereits von Leben: Da waren alle möglichen Bakterien, Blaualgen und Schwämme. Der Tisch war also reich gedeckt, und so ließen die ersten Schnecken nicht lange auf sich warten.

Es dauerte nur etwas mehr als einhundert Millionen Jahre, bis es im Meer bereits ganz schön eng wurde. Die meisten Schnecken fanden sich damit ab und vermehrten sich eben nicht mehr so stark oder zogen sich in ihre neuen, sicheren Schalenheime zurück. Ein paar mutige und abenteuerlustige Schnecken jedoch nahmen ihr Schneckenhaus, krochen vorsichtig aus dem vertrauten Wasser und stellten fest, daß es an Land inzwischen auch wunderbare Sachen zu fressen gab. Daß damals die Luft noch ziemlich feucht war, machte es ihnen leichter, die Kiemen nach und nach durch einfache Lungen zu ersetzen. Ab jetzt stand ihnen die ganze Welt offen. Und so wie sie aus dem Meer gekrochen waren, waren sie fast schon perfekt dafür gerüstet.

Nach weiteren einhundert Millionen Jahren tauchten an Land die ersten größeren Lurche und Reptilien auf, noch mal fast zweihundert Millionen Jahre später dann die ersten Dinosaurier, die aber schon nach weiteren hundertfünfzig Millionen Jahren wieder verschwanden.

Die Welt wurde trockener und die Landschnecken schleimiger. Einige ganz Schleimige wollten schneller und leichter werden, ließen ihr Gehäuse zurück und wurden zu Nacktschnecken.

So paßten die Schnecken im Laufe der Jahrmillionen unter anderem ihre Schalen, Farben, Größen, vor allem aber ihre Zähne dem jeweiligen Lebensraum und Futter an. Alle waren sie der Urschnecke aber immer noch erstaunlich ähnlich.

Als vor etwa zwei Millionen Jahren der erste Mensch noch etwas gebückt des Weges kam, dachte sich die Schnecke noch nicht viel dabei. Sie ließ ihn links liegen und kroch wieder in den feuchten Schatten der Sumpfwiesen. Erst als Menschen begannen, Tiere zu halten, sie zu füttern und Felder zu bestellen, kamen manche Schnecken auf die Idee, sich diesen Menschen als Haustiere anzuschließen. Einige Arten, wie die Weinbergschnecken, waren schon vor neunhundert Jahren in den europäischen Klostergärten hoch geschätzte Haustiere. Andere Arten, wie die Ackerschnecke oder die Wegschnecke, wurden erst mit der Kleingärtnerei und der intensiven Landwirtschaft richtig berühmt.

Der Star ist heutzutage jedoch eindeutig die Spanische Wegschnecke. Da sie wesentlich robuster, schleimiger und gefräßiger ist als die Nahrungskonkurrenz, verdrängt sie langsam aber sicher die heimischen Arten, die gegen Schneckenkorn wesentlich empfindlicher sind. Es steht ihr dann im wahrsten Sinne des Wortes das ganze Feld zur Verfügung. Olé!

Die Zeit verging. Die Schnecken, und allen voran die nackten, krochen langsam aber stetig immer weiter und unbeirrt ihren Weg. Mit nur einem Fuß besiedelten sie alle Meere und Landstriche, die höchsten Gebirge und die tiefsten Seen, selbst Sand- und Eiswüsten, manche leben sogar in anderen Tieren oder in meinem Kühlschrank. Überall finden sie ihr Auskommen, finden Freunde und Feinde und bilden einen wichtigen Teil der unterschiedlichsten Ökosysteme. Inzwischen gibt es über 37.000 verschiedene Schneckenarten, von denen die weitaus meisten aber immer noch zu den schüchternen und ängstlichen gehören, die vor vielen hundert Millionen Jahren im Meer zurückgeblieben waren.

Einige Meeresschnecken werden sehr groß, bis zu dreizehn Kilogramm schwer und gelten als Delikatesse. Manche Schnecken sind so klein, daß man sie mit dem bloßen Auge kaum mehr erkennen kann und kein Mensch sie essen will. Manche Nacktschnecken leben nur ein Jahr und schmecken bitter, andere dagegen, wie die Weinbergschnecke, können weit über dreißig Jahre alt werden – wenn sie nicht vorher nach Burgunder Art zubereitet wird.

Der Schneckenkörper

Aus der Ferne, also mit dem Blick eines geschädigten und wütenden Gärtners, sieht eine salatfressende Nacktschnecke aus wie ein schleimendes, kontur- und seelenloses Unding, welches noch nicht einmal richtig und rot blutet, wenn man es mit der Gartenschere zerschneidet. Keine Arme, keine Beine, keinen rechten Kopf, ohne richtiges Profil und irgendwie nicht recht zum Tierreich, vor allem nicht in den Garten gehörend.

Nimmt sich der Gärtner etwas Zeit, ist aufmerksamer und geht mit dem Blick näher an eine Nacktschnecke heran, so zeigt sich ihm ein ganz neues Lebewesen.

Er erkennt vorne zwei Teleskopstiele, an deren Enden wachsame Augen sitzen. Diese liefern der Schnecke einen Panoramablick und sind ständig in Bewegung, ziehen sich zusammen, wenn ein Hindernis auftaucht, um sich gleich darauf wieder auszustülpen und weiter zu erkunden.

Darunter befinden sich zwei kleinere aber genauso aktive und bewegliche Stielchen. Sie zeigen leicht nach unten und beherbergen Riech- und Tastorgane.

Ganz vorne unten befindet sich der Mund, der beim Vorwärtskriechen immer wieder wie prüfend vom Boden schmeckt, als ob etwas unsichtbares Leckeres, vielleicht Süßes, den Weg bestimmt.

An der rechten Seite ist deutlich die Atemöffnung zu sehen. Sie ist meist weit offen, kann sich aber bei Gefahr schnell und dicht verschließen, so daß nicht einmal mehr erkennbar ist, wo sie gerade eben noch war. Wenn man genauer hinschaut, kann man ziemlich weit in die Lunge der Schnecke hineinschauen. Steckt man vorsichtig eine Tannennadel in die Öffnung, so trägt die Schnecke die Nadel wie eine Fahne fest im Griff der verschlossenen Atemöffnung.

Die Vorwärtsbewegung sieht geradezu majestätisch aus, wie mit einem Saumkleid oder einer Schleppe bestückt über den Boden gleitend. Der Saum am Fuß macht dabei leichte, rhythmische Wellenbewegungen.

Am Rücken ist ein etwas dickerer, glatter Schutzschild, wie ein Regenschirm oder eine Mütze. Wenn etwas die Schnecke berührt, zieht sie sich ganz schnell unter diesen Schutzschild zurück und macht sich wie ein stachelloser Igel kugelrund. Aber nie für lange. Fast immer ist sie aktiv und in Bewegung.

An ihrem hinteren Ende bemerkt man den Schleim, den sie beim Kriechen als Gleitteppich absondert. Manchmal zieht er einen Faden, bevor er abreißt. Meist sammeln sich durch den Schleim am hinteren Fußende kleine Häufchen aus Erde und Pflanzenresten, über die sie hinweggekrochen ist. Irgendwann, wenn sie zu groß geworden sind, bleiben die Häufchen dann reglos auf der Kriechspur zurück.

Die faltigen Streifenmuster auf dem Rücken und die farbigen Muster am Fußsaum sind wie Landschaften und individuell so verschieden wie Fingerabdrücke.

Man kann den Schnecken noch sehr viel näher rücken. So mancher Biologe und Forscher hat auf seinem Seziertischchen mit einer Lupe oder einem Mikroskop in die Schneckenkörper hineingeschaut. Was er dabei alles fand, ist erstaunlich.

So haben Schnecken gut entwickelte Augen, feine Geruchsorgane, einen Mund mit Zunge und Zähnen, eine Speiseröhre, Magen, Darm und Ausscheidungsorgane, Lungen (oder Kiemen), ein zweikammeriges Herz mit einem kompletten Blutsystem, Nieren, Leber und Bauchspeicheldrüse, gut ausgebildete Geschlechtsorgane, ein Nervensystem mit verschiedenen Schaltzentralen bzw. Gehirnen.

Was uns vielfach täuscht und sie nicht als hochentwickelte Tiere anerkennen läßt ist, daß ihr Blut meist nicht rot, sondern wegen dem verwendeten Kupferkomplex als Sauerstoffträger durchsichtig bläulich ist.

Für viele Bewegungsvorgänge verwenden Schnecken eine kraftsparende eingebaute Pneumatik. Wie bei der Servolenkung oder den Bremssystemen unserer modernen Autos werden zum Beispiel eingezogene Fühler, Geschlechtsorgane, ja, der ganze Körper damit wieder gestreckt oder ausgestülpt. Als pneumatische Flüssigkeit dient ihnen ihr Blut. Da sie keine Knochen haben und durch die Pneumatik weniger Muskeln brauchen, bestehen sie zu etwa fünfundachtzig Prozent aus Wasser, und zwanzig bis fünfzig Prozent davon sind Blut.

Einen Zahnarzt brauchen Schnecken nicht, denn die Zähnchen auf der Reibzunge werden in einer Tasche auf der Unterseite des Schlunds (Radulatasche) ihr ganzes Leben lang nachgebildet. Die Reibzunge eignet sich hervorragend zum Ablösen und Zerkleinern der Nahrung, was jeder Gärtner bestätigen kann. Im allgemeinen dient sie dazu, Nahrung abzuraspeln, doch sie kann auch beträchtlich verfeinert und angepaßt sein. *Kegelschnecken* etwa sind Raubtiere und besitzen pfeilartige Raubtierzähne auf der Zunge. Bei einigen Arten enthalten die Zähne ein starkes Gift, das auch Menschen durchaus gefährlich werden kann. Die Reibzunge der sogenannten *Austernbohrer* ist sogar in der Lage, harte Muschelschalen zu durchstechen.

Der Körperbau am Beispiel einer Weinbergschnecke:

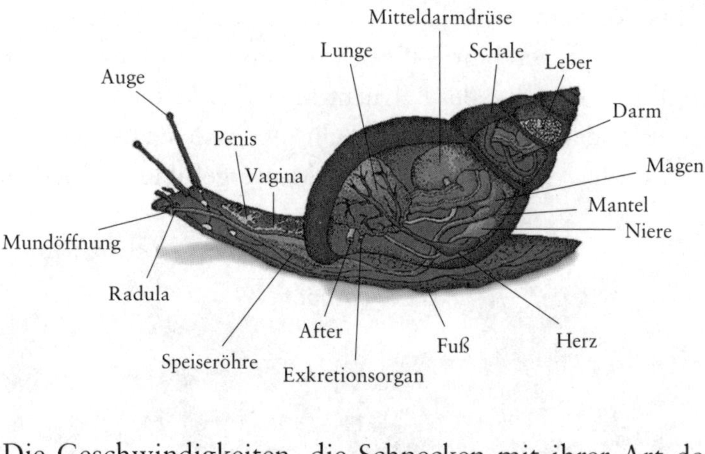

Die Geschwindigkeiten, die Schnecken mit ihrer Art der Fortbewegung erreichen können, sind unterschiedlich. Weinbergschnecken und viele unserer Nacktschnecken schaffen, wenn sie es eilig haben, etwa sieben Zentimeter pro Minute. Die Schlammschnecke erreicht zwölf Zentimeter pro Minute, eine hungrige Wellhornschnecke bei der Nahrungssuche rast im Vergleich dazu mit bis zu sechzehn Zentimetern pro Minute dahin. Wasserschnecken sind meist noch viel schneller.

Das Sexualleben und die Vermehrung

Die ältesten Schnecken und diejenigen, welche ihrem ursprünglichen Wesen treu geblieben sind, sind getrenntgeschlechtlich, also quasi heterosexuell. Sie wollen mit ihren Nachkommen ansonsten nicht viel zu tun haben.

Die Weibchen legen ihre Eier im Wasser ab, woraufhin die Männchen ihre Spermien darüberstreuen, um damit die Eier zu befruchten. Das war's dann aber auch schon mit der Brutpflege. Aus den Eiern schlüpfen später schwimmfähige Larven, die sich eine Weile wie Fische benehmen, bevor sie sich an einer geeigneten Stelle niederlassen und zur Schnecke werden.

Im Laufe der Jahrmillionen bekamen einige Schnecken wohl Lust, sich bei der Befruchtung näher kennenzulernen. Sie erfanden die innere Befruchtung, also sozusagen den Sex. Einige entwickelten sogar Muttergefühle und gaben

ihren Nachkommen den Schutz ihres eigenen Körpers, um sie dann voll ausgebildet zu »gebären«. Es gibt auch Schnecken, die sexuell genügsam wurden und sich selbst befruchten können, doch das hat sich nicht weiter durchgesetzt.

Denn auch hier machte die Entwicklung nicht halt. Die fortschrittlichsten, allen voran diejenigen, die so mutig waren, aus dem Meer zu kriechen, verdoppelten ihre Chance, einen Sexualpartner zu finden, und wurden Zwitter, also männlich und weiblich zugleich. Und wie dann diese Schnecken tatsächlich zur Tat schreiten oder kriechen, ist schon erstaunlich. Die Beharrlichkeit, Ausdauer und auch die Vehemenz ist im Tierreich wohl einmalig und kann einen vor Neid erblassen lassen. Bei Weinbergschnecken kann allein das Vorspiel bis zu zwanzig Stunden dauern.

Im Sommer, zur Hoch-Zeit der Schnecken, kann man sich ins Gras setzen, um die Paarung zweier Nacktschnecken zu beobachten. Wohlgemerkt, man muß sich viel Zeit dafür nehmen.

Kriecher ist unruhig. Er hat keine rechte Lust am Fressen. Seine Duftfühler sind heute besonders aktiv. Es ist wie das Lauschen nach einem bestimmten Klang, ohne genau zu wissen, was für ein Klang das sein wird. Da! Da war er! Alle Sinne richten sich jetzt schlagartig aus. Sein Körper setzt sich wie von alleine in Bewegung. Kriecher scheint keinerlei Unsicherheit oder Zweifel zu spüren.

Und er braucht nicht lange zu suchen, denn Stieli erging es genauso, und sie kommt ihm schon entgegen. Für das menschliche Auge langsam, jedoch so zielstrebig, so zielsicher und so zart berührt Stieli Kriecher und berührt Kriecher Stieli. Die Stielaugen, die Riechtaster, der Mund, die ganzen Körper, alles an den beiden ist in Bewegung. Sie fühlen sich ab, sie schmecken einander ab, sie lecken einander ab, sie riechen sich ab, sie kriechen sich ab. Als sie nur noch wie ein Lebewesen erscheinen, so verschlungen und eng beieinanderliegend, werden sie still, ganz still. Die Bewegung und die Aufregung fließt aus den beiden heraus und verebbt im Gras. Auch alles um Stieli und Kriecher herum scheint ruhiger zu werden. Die Zeit beginnt stehenzubleiben.

Stunden rieseln geduldig dahin. Dann beginnt Stieli mit kleinen Bewegungen, Kriecher zu reizen, zu necken, zu wecken. Es ist kaum zu erkennen, daß die beiden sich gegenseitig zuerst mit hohlen Kalkstacheln, ihren Liebespfeilen pieksen, daß sie sich mit den damit ausgetauschten Pheromonen in Paarungsbereitschaft bringen. Doch dadurch hat eine neue Erregung die beiden Liebenden ergriffen. Dies äußert sich jedoch nicht in erneuter Bewegung. Statt dessen schwillt bei Stieli, rechts und nahe dem Kopf, langsam ein Penis, wie wenn Eiweiß, in heißem Wasser sofort weiß und fest werdend, langsam aus einer Eierschale fließt. Und Kriecher antwortet, stülpt seinerseits einen Penis aus und umschlingt den von Stieli. Der Penis erreicht bei beiden etwa ein Viertel ihrer Körpergröße. So bleiben sie wieder ruhig liegen. Eng umschlungen halten sie sich fest, verharren zusammengehörend in ihrer Zeitlosigkeit und warten.

Irgendwann, läßt bei Stieli und Kriecher die Erregung nach, das »Eiweiß« fließt zurück in ihre Körper, und sie lösen sich voneinander. Langsam zuerst, als ob sie nicht so recht wissen, was sie jetzt tun sollen, dann aber, als ob nichts geschehen wäre, kriecht jeder wieder seiner Wege.

Nachdem die Samenpakete ausgetauscht sind, wird bei den Zwitterschnecken, also auch bei unseren Nacktschnecken, nun jedes erwachsene Tier viele Hundert wasserhelle, weißlich durchscheinende Eier legen. Aber das tun sie nicht einfach irgendwo. Bevor sie bereit für die Eiablage sind, haben sie sich mit der Umgebung bereits vertraut gemacht. Anhand der Gerüche und anhand ihrer Erinnerung wissen sie genau, wo die Bedingungen für die überwinternden Eier und für die heranwachsenden jungen Schnecken am besten sind. Wenn es soweit ist, begeben sie sich oft zielstrebig zum nächsten Komposthaufen, da dort die Bedingungen optimal sind: warm durch den Verrottungsprozeß, weich für eine möglichst tiefe Eiablage und viel verrottendes Material als erste Nahrung für die Kleinen. So geschützt, überwintern die Eier der Nacktschnecken, um im Frühjahr die nächste Generation zu bilden. Sie liegen dabei oft direkt neben den jungen und mehrere Jahre alt werdenden Schalenschnecken, die sich ebenfalls vorzugsweise an dieser günstigen, vor Frost besser geschützten Stelle vergraben.

Lebensweise und Freßgewohnheiten

»Was willst du denn heute Nacht raspeln?« Kriecher macht sich ganz lang und dünn, während er sich aus seiner engen Erdspalte schlängelt. Seine Freundin Stieli ist bereits draußen und reckt ihre Riechstiele den lauen Duftströmungen entgegen strecken, welche durch die Sommernacht fließen. Dann richtet sie verträumt ein Stielauge auf Kriecher. »Dieser blumig-herbe Geruch nach den gelben Narzissenblüten macht mich heute richtig an.« Kriechers Blick wirkt abwesend, während er nun ebenfalls die Aromen in sich aufnimmt und versucht, sich zu entscheiden.

Stieli kann fast hören, wie es irgendwann bei ihm »klick« macht. Sein Blick kehrt wie aus einer anderen Welt in seine Augenstiele zurück, welche nun leicht zucken und sich dann zu ihrer vollen Länge von eineinhalb Zentimetern strecken. »Mir ist nach den angewelkten Narzissenblättern. Ich habe einige von ihnen gestern schon etwas vorgeraspelt, so daß sie heute reif sind. Sie duften schon bis hierher lapprig-süß und köstlich modrig.« Stieli freut sich. »Dann könnten wir doch zusammen zum Narzissenwald kriechen. Dort treffen wir sicher auch die anderen.« Noch bevor sie ganz zu Ende gesprochen hat, hat Kriecher bereits begonnen, Schleim abzusondern und sich in Bewegung zu setzen. Stieli folgt ihm auf dem Fuße und ist froh, daß sie das gleiche Ziel haben. Sie frißt einfach am liebsten in der angenehmen Gesellschaft von guten Freunden.

Die Nahrung der Landschnecken besteht mit Vorliebe aus welken oder verrottenden Pflanzenteilen. Daneben gibt es einige Arten, die sich zum Ärger der Gärtner jedoch auch gerne mal von frischen Pflanzen wie Salat, Blumen, Pilzen, Wurzeln, Knollen und Früchten ernähren. Einige wenige Arten leben rein räuberisch, andere fressen verletzte Würmer, Aas und andere Schnecken, ohne sie jedoch selbst zu erlegen. Viele Nacktschnecken sind jedoch Allesfresser. Sie sind an pflanzlichem Material zu finden, aber auch an verletzten Regenwürmern, gerne auch an toten Artgenossen und an Abfällen. Selbst unter einer Schneedecke oder im Kühlschrank können sie noch fressen.

Schnecken sind meist nachts, in der Dämmerung oder bei feuchter Witterung aktiv. Sie besitzen eine durchlässige Haut, die von Drüsenschleim umgeben ist und müssen ständig Feuchtigkeit aufnehmen, damit sie nicht austrocknen. Wasserverlust und Hitze sind neben dem Gärtner ihre größten Gefährdungsfaktoren. Zum Überdauern von Trockenperioden ziehen sich Gehäuseschnecken in ihr Haus zurück. Nacktschnecken verbergen sich in Erdritzen und Verstecken, zum Beispiel unter ausgelegten Brettern. Auch engstehendes Gemüse und schattenwerfende Blumen bilden ideale Verstecke. Je weiter die Unterschlupfmöglichkeiten von ihrem Futter entfernt liegen, desto höher ist ihr Aufwand für die Zuwanderung. Trockenen, saugfähigen Untergrund können sie nur in beschränktem Maß überwinden, da sie hierfür sehr viel Schleim produzieren müssen, was wiederum schnell zum Austrocknen führen kann. Etwas unabhängiger von der Witterung ist die Spanische Wegschnecke, weil ihr die Schleimproduktion deutlich leichter fällt als den ursprünglich heimischen Arten. Am wohlsten fühlen sich alle Landschnecken bei Tauniederschlägen, feuchtem Nebel oder Regen. Dann werden sie richtig unternehmungslustig. Sie sind dann nicht so sehr mit der Bildung des schleimigen Gleitteppichs beschäftigt und kommen leichter und schneller voran.

Bevorzugen landlebende Gehäuseschnecken als Lebensraum schattige Areale, haben sie ihre Häuser eher dunkel gefärbt; bewohnen sie hingegen vorwiegend offenes Gelände, sorgen sie mit einer hellen Schale für ausreichend Sonnenschutz. Damit reduzieren sie die Gefahr einer Austrocknung durch zu schnelle Überhitzung. Weinbergschnecken sind kleinklimatische Grenzgänger, das heißt, sie sind stets zwischen sonnigen Stellen und feuchten, kühlen Rückzugsgebieten unterwegs. Weinberge entsprechen in der Regel diesen Anforderungen. Droht ein Wärmestau, bieten auf der Schattenseite gelegene Schlupfwinkel Kühlung.

Vor extremer Austrocknung schützt sich die Gehäuseschnecke durch eine dünne, schnell trocknende Schleimhaut, die die Schnecke aus einer Drüse absondert und über die Gehäusemündung spannt. Ein Ausgleich von Wasserverlust, der mitunter nicht zu vermeiden ist, erfolgt zudem durch vorübergehendes Schrumpfen der Weichteile und das Spannen zusätzlicher Dämmschichten aus Schleimhaut weiter innen im Gehäuse. Den Hitzetod sterben Schnecken aber erst bei etwa fünfundsechzig grad Celsius.

Natürlich sind die wechselwarmen Landschnecken auch vom Kältetod bedroht. Dagegen helfen ein fester Kalkdeckel, der Schutz eines Laubhaufens oder eines Loches im Boden und ein Winterschlaf von bis zu sieben Monaten. Je mehr Schnecken sich in der kalten Jahreszeit aneinanderdrängen, desto geringer die Gefahr der Erfrierung. So gewappnet, haben einige Schalenschnecken kurzzeitig sogar minus einhundert Grad Celsius schadlos überstanden. Bei den überwinternden Eiern von Nacktschnecken muß es schon längere Zeit sehr starken Frost geben, damit sich in den Eiern Eiskristalle bilden können und sie so zerstört werden.

IQ und andere Merkmale

Es ist kaum zu glauben: Trotz ihres eher unscheinbaren und phlegmatischen Äußeren sind Schnecken recht intelligent. Untersuchungen haben ergeben, daß sie sich unangenehme Erfahrungen merken und ihr Verhalten entsprechend anpassen. Und nicht nur das. Hat eine Schnecke einmal eine unangenehme Erfahrung gemacht, so lernen andere Schnecken ihrer eigenen Art diese Lektion deutlich schneller. Sie besitzen einen feinen Geruchssinn und wittern Nahrung in bis zu einhundert Metern Entfernung. Zudem haben sie ein recht gutes Sehvermögen, wobei sie rote Pflanzen jedoch nicht so gut wahrnehmen können wie grüne. Ihr Orientierungssinn und ihr Ortsgedächtnis sind dabei ausgezeichnet.

Ich wollte eigentlich nicht lauschen, doch rein zufällig habe ich kürzlich folgende Unterhaltung zweier Nacktschnecken mitbekommen:

Stieli: »Mensch Kriecher, was ist denn mit dir passiert? Du siehst ja richtig fertig aus.«

Kriecher: »Kein Wunder! Stell dir nur mal vor. Heute Morgen hab ich wie üblich in meinem Jungpflanzenbeet friedlich ein paar Blättchen vor mich hingeraspelt, da kam plötzlich unser Gärtner angesaust und hat mich gepackt. Dann erinnere ich mich nur noch daran, wie ich durch die Luft geflogen bin. Als ich zu mir komme, befinde ich mich drei Kriechstunden entfernt im Revier vom großen Manuel, du weißt schon, dem dunkelhäutigen Spanier, der so bitter schleimt.«

Stieli: »Au Backe, mit dem ist nicht gut Kirschen raspeln. Und was geschah dann?«

Kriecher: »Ich nichts wie den Fuß unter den Fühler geklemmt und weg von dort, so schnell ich kriechen konnte. Zum Glück strömte der frisch-grün-herbe Duft meines Jungpflanzenbeetes deutlich bis zu meinen Riechstielen. So hatte ich einen deutlichen Wegweiser. Und mit meinen guten Kenntnissen über die Sonnenstandsnavigation hatte ich natürlich keinerlei Probleme gleich wieder zurückzufinden.«

Stieli: »Ja, als Futterfinder bist du nicht zu schlagen, und deinen guten Geschmack hast du auch schon mehrfach bewiesen. Was hast du denn jetzt vor?«

Kriecher: »Die drei Stunden Heimweg haben mich ganz schön geschafft. Vom Flug davor ist mir immer noch etwas übel. Und wenn ich an das scheußliche Gefühl zurückdenke, abgezupft und mitten aus meiner Raspelei gerissen zu werden, dann ist mir echt nach Ausschleimen. Ich hab meine Lektion auf jeden Fall gelernt und werde meinem Gärtner künftig besser aus dem Weg kriechen.«

Stieli: »Das hört sich wirklich schrecklich an. Komm mit, ich lade dich zu einem modrigen Leckerbissen im Komposthaufen ein. Dort läßt uns der Gärtner meist in Ruhe.«

Schnecken sind nicht bloß mehr oder weniger schleimige, kleine und langweilige Tiere. Vor die Aufgabe gestellt, eine einfache Reaktion möglichst rasch zu erlernen, sind sie dem

Menschen haushoch überlegen. Um so erstaunlicher ist dieses gute Gedächtnis und Lernverhalten, da Schnecken kein uns vergleichbares Gehirn, sondern mehrere kleine, weit auseinanderliegende Nervenzentren besitzen, die nur recht lose miteinander verbunden sind. Bei den höheren Schnecken, vor allem den Lungenschnecken, hat eine weitgehende Konzentration der Nervenzentren im Schlundbereich stattgefunden, so daß man hier tatsächlich von einem Gehirn sprechen kann.

Schnecken lernen ein Verhalten oft mit der allerersten Erfahrung und merken sich unangenehme Ereignisse über einen längeren Zeitraum hinweg. Sowohl einzeln wie auch als Gruppe passen sie ihr Verhalten den sich ändernden Umwelteinflüssen rasch an. Tiere einer Gruppe stimmen ihr Verhalten sogar aufeinander ab. Das heißt, wir wissen zwar nicht genau wie, aber sie kommunizieren miteinander.

Eine feine Geschmackswahrnehmung erlaubt es den Schnecken zu bemerken, wohin andere Artgenossen unterwegs sind, ob Nahrungskonkurrenten in der Nähe sind oder ob Feinde anrücken. Sie können anhand der Lichtverhältnisse feststellen, wo sie sich befinden und wie spät es ist. Sie haben einen dermaßen präzisen Ortssinn, daß sie ihren Lieblings-Salatkopf unfehlbar wiederfinden, auch wenn sie von Gärtnerhand weit weggeworfen wurden. Wirft man sie also fünfzehn Meter in Richtung Nachbars Garten, stehen sie aber auf eine bestimmte Lieblingspflanze, sind sie etwa drei Stunden später eventuell schon wieder zurück, da, wo es ihnen eben am besten schmeckt.

Zweiter Schritt: Alle Achtung – Die Schnecken respektieren lernen

Schnecken sind überraschenderweise nicht nur richtige Lebewesen aus Fleisch und leicht bläulichem Blut. Einige Indizien weisen darauf hin, daß sie sogar recht intelligent, wenn nicht sogar weise sind.

Wie sonst ist es zu erklären, daß sie so langsam sind?

Ist es nicht ein Zeichen von Weisheit, das lieblich duftende, leicht welke Blatt, das man so gerne verspeisen will, langsam und mit Geduld anzusteuern? Wohl wissend, daß es etwas weiter verrottet, während man noch etwas bummelt und sich die Gegend anschaut. Wohl wissend, daß es dadurch noch geschmackvoller und köstlicher geworden ist, wenn man es schließlich erreicht hat.

Und sind Schnecken nicht wahre Lebenskünstler?

Es ist erstaunlich, daß fast alle Schnecken sich ihr Leben so gestalten können, wie viele von uns Menschen es sich erträumen, wie es sich aber kaum einer einrichten kann: Sie essen so viel sie wollen, haben keine Verpflichtungen,

können den ganzen Tag über schlafen, haben ein reges Nachtleben, genießen Sex mit wechselnden Partnern und ohne Schuldgefühle, kennen keine Eifersucht und haben keine Last mit ihrem zahlreichen Nachwuchs. Man fragt sich unwillkürlich, ob die Vorstellung von blauem Blut beim Adel nicht in direktem Zusammenhang mit dem bläulichen Blut der Schnecken und ihrer außergewöhnlichen Lebensqualität steht.

Mit Zielstrebigkeit, Konzentration und Ausdauer kriechen Schnecken auf ihre Ziele zu. Nur mit Geruchskompaß ausgerüstet, durchwandern sie ihre schier endlosen Weidegründe. Und während sie durch das hohe Gras streifen, stoßen sie ständig an Hindernisse, müssen Steinen, Halmen, Blättern und Erdklumpen ausweichen, zwängen sich durch engstehende Gräser, gehen weite Umwege und bezwingen dabei tagtäglich quasi Flüsse, Berge, Täler und Bäume. Ihr Ziel behalten sie dennoch unbeirrt in der Nase.

Diese kleinen und unscheinbaren Tierchen sind uns offensichtlich in der Evolution weit voraus. Bereits seit sechshundert Millionen Jahren sind sie ein evolutionäres Erfolgsmodell. Sie brauchten sich seither kaum mehr zu verändern. Manche glauben, daß wir Menschen uns noch ziemlich weiterentwickeln müssen, bevor auch wir diese Stufe erreicht haben. Bei all ihrem Erfolg und ihrer Lebensart, sind die Schnecken jedoch kein bißchen überheblich und arrogant geworden. Sie sind einfach nur sie selbst geblieben.

Für eine rein platonische Liebe zu den Schnecken könnten diese Erkenntnisse nun schon ausreichen. Jetzt gibt es aber sicher zahlreiche Menschen wie mich, für die es ein Mindestmaß an Körperkontakt braucht, um jemanden wirklich ins Herz zu schließen. Dies ist für die meisten von uns bei Schnecken etwas problematisch. Schneckenschleim ist zwar nicht giftig, er soll sogar gesund sein. Zahlreiche praktische Versuche haben anscheinend eine gute Wirkung gegen Warzen ergeben. Dennoch gehört schon eine besondere Überwindung oder gar Verzweiflung dazu, eine Schnecke auch nur mit den bloßen Fingern anzufassen, geschweige denn, sich eine oder mehrere Schnecken irgendwo auf den Körper zu setzen. Bis auf die Schwierigkeiten, den zähen und klebrigen Schleim hinterher wieder von den Fingern zu entfernen, ist das aber nur in unserer Vorstellung unangenehm. Denn ihr Körper ist weich und die Berührung nicht aggressiv, sondern sehr sanft und leicht kitzlig. Wem das also zu weit geht, der kann sich Schnecken auch vorsichtiger nähern. So geben sie mir immer ganz zart ein Küßchen und lecken mir den Finger, sobald ich ihnen diesen geduldig dafür hinstrecke bzw. in den Weg halte. Sie sperren dann ihre kleinen Münder ganz weit auf, um soviel Finger wie möglich zu umschließen und raspeln mit ihrer rauhen Raspelzunge vorsichtig und genüßlich über meine Haut, wie ich an einem leckeren Eis. Zu einem richtigen Zungenkuß werde ich mich aber wohl dennoch nicht hinreißen lassen.

Kriecher, die braune Nacktschnecke, beobachtet ganz starr vor Schreck aus seinen eingezogenen Augenstielen, wie sich der Zeigefinger des Gärtners langsam auf ihn herabsenkt, um schließlich direkt vor ihm liegen zu bleiben. Aus seiner Deckung heraus erkundet er vorsichtig die Aromen, die dem Finger entweichen. Die warme und salzige Süße, die ihm entgegenströmt, läßt ihn etwas entspannen. Der anfängliche Schrecken beginnt sich langsam in seine für ihn typische immerhungrige Neugier zu verwandeln. Als sich eine Weile nichts rührt, wird Kriecher gleich wieder mutiger.

Er stülpt seine Augenstiele etwas aus, um den Finger und den Mann besser betrachten zu können. Gleichzeitig hält er mit allen seinen Sinnen nach weiteren, unmittelbaren Gefahren Ausschau. Nachdem sich eine weitere Weile immer noch nichts Beängstigendes ereignet, löst Kriecher seinen restlichen Körper aus der Erstarrung und kriecht vorsichtig tastend auf den Finger zu. Irgendetwas an der Situation und an den Gerüchen beruhigt ihn. Mit zunehmendem Mut und neuem Vertrauen entschließt sich Kriecher, den Finger nun auch mit seinen Geschmacksknospen näher zu erforschen. Er schiebt seinen Mund sanft saugend über die Fingerspitze und ergötzt sich an den durch die rhythmischen Bewegungen seiner Raspelzunge abgelösten Köstlichkeiten. Ach, wie er diesen Finger und diesen Mann liebt, denkt Kriecher, dessen Liebe wieder einmal eindeutig durch seinen Magen geht.

Ich verlange keine Liebesbeweise von meinen Schnecken, keine bestandenen Charaktertests oder übertriebene Zurückhaltung und Askese. Wenn mal eine die Abmachung offensichtlich nicht mitbekommen oder in betäubender Freßlust vergessen hat, so wird sie einfach wieder daran erinnert.

Mein Respekt und meine Liebe zu den Schnecken bedeuten nicht, daß ich ihnen alles durchgehen lasse. Aber es beinhaltet, daß ich ihnen das Leben nicht allzu schwer mache. Ich vermeide es daher, sie unnötigen Versuchungen auszusetzen. Was immer intelligent und einfach möglich ist, damit sie ihre Nahrung anderswo finden und nicht dazu verleitet werden, in meinen schutzwürdigen Beeten nach leckerem Futter zu suchen, wende ich an. So halte ich meine Beete möglichst von welkem und verrottendem Pflanzenmaterial frei. Dafür gibt es entsprechende Leckereien im

Wildbereich. Gegossen wird möglichst morgens und nicht abends. Hilfreich ist auch ein automatisches Tropfsystem, welches hilft, eine Menge Wasser zu sparen und mit dem morgens gezielt die einzelnen Pflanzen gewässert werden. Dabei wird die zeitweise Entstehung großflächiger Feuchtgebiete vermieden. Es erlaubt mir auch, einfach mal ein paar Tage zu verreisen, ohne Angst haben zu müssen, daß meine Pflanzen in der Zwischenzeit verdursten.

Dritter Schritt: Übungen in Geduld – Langsamer werden

Schnecken sind echt langsam. Und wenn man sie so betrachtet, merkt man, daß sie sehr viel Freude daran haben. Offensichtlich brauchen sie nicht zu hetzen. Ihre Nahrung kann nicht weglaufen, da sie entweder fest verwurzelt oder bereits tot ist. Schnecken müssen und können nicht ständig die Beine in die Hand nehmen, um hinter ihrer Beute herzujagen. Es gibt für sie auch keinen Grund für irgendwelche Existenzängste. Ihr Tisch ist immer reichhaltig gedeckt. Überall auf der Erde wächst, verrottet oder stirbt irgend etwas. Das Überleben ihrer Art war in den Hunderten Millionen von Jahren nie gefährdet, und auch wir haben es nicht geschafft, daran etwas zu ändern.

Wir Menschen haben uns das Leben indessen schon immer etwas schwerer gemacht. Bis vor einigen Jahrzehnten konnten sich nur einige Privilegierte sorglose Langsamkeit leisten. Alle anderen mußten sich ständig Sorgen machen und sich sputen, um nicht zu kurz zu kommen.

In unserer westlichen Wohlstandskultur müßte sich eigentlich keiner mehr abrackern. Mit dem Überangebot an

Nahrung, das uns zur Verfügung steht, können wir alle dick und rund werden und gleichzeitig noch viele zusätzliche Millionen Menschen ernähren. Die meisten von uns haben einen sicheren und trockenen Platz zum Schlafen und alles, was wir zum Leben brauchen. Beste Voraussetzung, könnte man meinen, um mit den Schnecken endlich gleichzuziehen. Doch warum fällt uns das so schwer? Vielleicht ist da immer noch die Angst, etwas zu verpassen. Vielleicht ist da immer noch das Gefühl, mehr zu brauchen als man bereits hat. In trauter Verbindung mit diesem Mangelgefühl gedeiht die Werbe- und Filmindustrie, die uns in diesem Gefühl gerne bestärkt, sodann Linderung verspricht und manchmal für eine kurze Zeit auch verschafft.

Um aus unserer ganz persönlichen Tretmühle auszusteigen und langsamer zu werden, gibt es viele Gelegenheiten. Wir können an Meditationskursen teilnehmen. Wir können Tai Chi lernen oder Autogenes Training. Wir können uns für zwei Wochen zu einem Retreat in ein Kloster zurückziehen oder uns einen spirituellen Meister in Indien suchen.

Wir können aber auch einfach das Geschenk der Natur um uns herum annehmen und irgendein Tier beobachten. Es muß nicht lange sein. Selbst fünf Minuten haben eine wohltuende und befreiende Wirkung. Wichtig ist dabei nur, daß wir dem Objekt unserer Beobachtung für diese kurze Zeit unsere volle Aufmerksamkeit schenken. Es ist zwar letztlich egal, welches Tier das ist, meiner Erfahrung nach haben uns aber gerade die Schnecken in Bezug auf Langsamkeit am meisten zu geben. Darin sind sie Meister.

Die braune Wegschnecke verläßt die schützende Deckung einiger Blätter und schickt sich an, den Waldweg zu überqueren. Warum, bleibt mir ein Rätsel, denn die andere Seite sieht deutlich karger aus. »Sei's drum«, denke ich mir und breite meine Sitzunterlage nahe der Schnecke am Boden aus. Ich habe mir angewöhnt, nach einem streßreichen Arbeitstag oder einfach, wenn ich Lust dazu habe, mit Unterstützung der Schnecken langsamer zu werden und abzuschalten. Noch einmal prüfe ich die Umgebung, dann lasse ich mich in bequemer Sitzposition so auf meiner Matte nieder, daß ich die Schnecke gut beobachten kann. Noch ein paar tiefe Atemzüge, dann richte ich die Aufmerksamkeit auf meine heutige Lehrerin. Zunächst fällt es mir schwer, mich zu konzentrieren. Immer wieder schweifen meine Gedanken ab, kehren zurück zu den Ereignissen des Tages. Immer wieder huscht mein Blick prüfend über die Umgebung, unsicher, ob sich jemand nähert, wissen wollend, was um mich herum so los ist. Je länger ich aber meiner Lehrerin zuschaue, desto mehr gelingt es ihr, mich in ihren Bann zu ziehen. Ich fange an, das emsige und nimmermüde Ein- und Ausstülpen der Seh- und Riechstiele deutlicher wahrzunehmen. Bei jedem Hindernis, bei jedem Ereignis, bei jeder Begegnung, sei es mit einer Ameise oder einem Käfer, ständig verändert die Schnecke ihre Sinnesorgane, paßt ihre Wahrnehmungsrichtung den wechselnden Erfordernissen an. Dann fallen mir all die feinen, leichten Bewegungen des Fußsaumes auf, die bei ihrer Fortbewegung so fließend zusammenwirken. Ich verliere mich lange in der faszinierenden und vielfältigen Struktur ihres Körpers, tauche scheinbar mühelos ein in ihr Wesen. So werde ich fast eins mit meiner Lehrerin, bis sie sich entschließt, die Übung zu beenden und unter Blättern verschwindet. Irgendwann fange ich an, mich zu strecken. Dann stehe ich langsam auf, falte meine Matte zusammen und gehe zufrieden nach Hause.

Die Schritte sind so einfach, daß sie für jeden machbar sind, der einen Garten hat oder ein kleines Stück Park, Wald oder Wiese in erreichbarer Nähe. Zunächst einmal muß man dort eine Schnecke finden. Das ist jedoch in der Regel leicht, da sie überall verbreitet und überhaupt nicht scheu sind. Sie rennen auch nicht weg. Meist dauert es nicht allzu lange, bis man eine geeignete Lehrerin für die Übung gefunden hat. Wenn es tagsüber zu warm und trocken ist, braucht man nur ein Stück Holz oder einen Stein am Wegrand umzudrehen. Oftmals wird man nicht nur eine Schnecke darunter verborgen finden. Um sich zu ihnen zu setzen und sie eine Zeitlang zu beobachten, ist ein Schemel oder eine Sitzunterlage hilfreich. Je gemütlicher man es sich dabei macht, desto mehr hat man davon. Man kann sich auch zu seiner Lieblingsschnecke ins Gras legen.

Es wird einem bei der »Schneckenmeditation« bald auffallen, daß sie normalerweise keineswegs faul oder lethargisch, sondern ständig mit irgend etwas beschäftigt sind. Dabei sind sie aber auf unnachahmliche Weise geduldig, wie wenn sie alle Zeit der Welt hätten. Manchmal würde ich dann zu gerne wissen, was in ihren Nervenzentren so vor sich geht. Ihre Bewegungen sind langsam, bedächtig und sparsam. Gestik und Mimik sind zumindest für mich kaum erkennbar, außer den Mundbewegungen beim Schmecken, Lecken und Fressen. Geräusche kann ich im Zusammenhang mit Schnecken auch nicht wirklich wahrnehmen, vielleicht ein ganz leises, eher fühl-gehörtes Kratzen, wenn sie an einem Blatt oder an meinem Finger raspeln. Dennoch werde ich beim Beobachten nicht müde. Ganz im Gegenteil werde ich dabei sogar immer wacher. Vielleicht liegt es an der besonderen Grazie der Bewegungen, vielleicht an der Faszination bei dem Entdecken dieser neuen Welten. Vielleicht findet aber auch auf geheimnisvolle Weise eine Bewußtseinsübertragung dieser wachen, zielstrebigen und doch völlig entspannten und geduldigen Wesen statt. Ein Geschenk, das uns nichts kostet, außer ein klein wenig unserer Zeit und unserer Aufmerksamkeit.

Manchmal sitze ich mit ihnen nur zehn Minuten, oft wird daraus aber auch schon schnell mal eine Stunde oder mehr. Aber bereits nach einigen wenigen Minuten Schneckenmeditation wird man bei sich selbst vielleicht folgende Veränderungen feststellen:

- der Puls und die Atmung werden ruhiger
- Sorgen treten in den Hintergrund
- der Geist wird wacher
- die Farbwahrnehmung wird intensiver
- man nimmt mehr Einzelheiten wahr
- innerer Friede beginnt sich auszubreiten.

Wie beim Autogenen Training, bei dem die Übungen mit jedem Mal leichter fallen, kann sich auch bei der Verlangsamung mit Hilfe der Schnecken nach und nach ein immer breiterer Pfad ausbilden, auf dem man sich immer leichter zur Langsamkeit hinbewegen kann. Für ihre Hilfe und ihre meisterlichen Lektionen können wir den Schnecken wirklich sehr dankbar sein.

Vierter Schritt: Hallo Schnecke, hier bin ich – Die Aufmerksamkeit der Schnecken erlangen

Nachdem es dunkel geworden ist, mache ich mich mit einem Schäufelchen, einer Taschenlampe und einem alten Handschuh ausgerüstet auf in mein Schulungszentrum. Dort, in meinem Garten, sind vor allem bei feuchter Witterung Horden von Schnecken in alle Richtungen unterwegs. Ich brauche kein Nachtsichtgerät. Ihre feuchte Körperoberfläche macht sie im Strahl meiner Taschenlampe deutlich erkennbar. Aufspüren, anschleichen, zupacken, abzupfen und ab ins Schäufelchen mit ihnen. Dort bleiben die Schnecken erst einmal regungslos und eingeschrumpelt liegen, tun so, als wären sie tot. Schnecke Nummer Zwanzig läßt sich nur noch mit Mühe von meinem verklebten Handschuh lösen. Ein bißchen Erde über die verschleimten Fingerspitzen schafft Abhilfe. Bei Schnecke Sechzig ist der Sammelbehälter voll. Einige Schnecken haben sich bereits aus ihrer Erstarrung gelöst und sind dabei, sich über den Schaufelrand in den rettenden Abgrund zu stürzen. Nichts da! Entschlossen schiebe ich sie zurück auf den Gipfel des Schneckenberges. Andere Aufmüpfige erhalten einen freundschaftlichen Klaps auf die Augenstiele und geben wieder für eine Weile Ruhe.

Verletzt von den neuesten Schäden an meinen Pflänzchen bin ich früher oft zornig, voller Rachegelüste und lieblos mit den Schnecken umgegangen. Heute freue ich mich darauf, meine kleinen Freunde zu treffen und ihnen die Regeln meines Gartens zu erklären. Das Absammeln der Schnecken ist notwendig, um ihre Aufmerksamkeit zu erlangen und ihnen dabei gleichzeitig die Pflanzen einzuprägen, die sie meiden sollen. Es ist so lange notwendig, bis sie ihre Lektion gelernt haben. Um sie nicht zu verwirren, ist es sehr wichtig, sie nur von den Pflanzen und aus den Beeten abzusammeln, die sie künftig in Ruhe lassen sollen. Es ist Schnecken äußerst unangenehm, von ihrer ausgewählten Nahrungsquelle abgezupft zu werden. Sie wollen nicht den Boden unter ihrem einzigen Fuß verlieren. Das sind sie nicht gewohnt. Dann sind sie schockiert und hellwach, auch wenn viele zunächst so tun, als seien sie ins Koma gefallen. Ich nehme gerne eine flache Schale oder ein Schäufelchen als Sammelbehälter. Dort kann ich die Schnecken sehen, und sie können mich sehen, während ich in den Beeten nach weiteren lernbedürftigen Schnecken Ausschau halte. Schnecken haben zwar ein recht gutes Gedächtnis, jedoch sind sie keine sehr ängstlichen Naturen. Viele rappeln sich schnell wieder auf, kaum daß sie im Sammelbehälter angekommen sind und versuchen dann, auszubüchsen. Auf die gilt es besonders aufzupassen, denn das sind die intelligenteren Schüler. Jetzt sind sie bereit, zuzuhören und zu lernen.

Nun ist es nicht jedermanns Sache, Schnecken anzufassen. Vielen fällt das vermutlich selbst mit Handschuhen schwer. Aber es hilft nichts und muß sein. Wer verwegen genug ist oder eine Warze hat, kann die Schnecken gerne mit der bloßen Hand abzupfen und den heilenden Schleim gleich über seine Warze verteilen. Dieser Schleim ist nicht gefährlich, höchstens ungewohnt und sehr hartnäckig. Er läßt sich kaum abwaschen, auch nicht mit Seife. Dafür trocknet er rasch und läßt sich dann abrubbeln. Auch mit etwas Erde läßt er sich recht leicht verreiben und entfernen. Irgendwann wird die Kosmetikindustrie vielleicht darauf stoßen, daß sich Schneckenschleim hervorragend für die Hautpflege und insbesondere für Peelings eignet.

Wer an einer abendlichen Hautpflege mit Schneckenschleim nicht interessiert ist, kann selbstverständlich auch Gartenhandschuhe verwenden. Damit ist der Kontakt zwar nicht so direkt und der Griff nicht so sicher, aber es funktioniert auch. Es ist beim Abzupfen nicht nötig, grob zu sein und die Schnecken zu quälen. Denn wenn sie mit Quetschungen und Atemknappheit zu kämpfen haben, können sie kaum gleichzeitig besonders aufmerksam und lernbereit sein. Im allgemeinen sind sie jedoch recht robust und widerstandsfähig und halten auch aufgrund ihrer elastischen und knochenfreien Körperstruktur einiges aus, was uns nicht gut bekommen würde.

Fünfter Schritt: Hört mal her – Klare Worte an die Schnecken

Schnecken sprechen und verstehen kein Deutsch. Sie verstehen jedoch den emotionalen Inhalt und die Bedeutung einer klaren Botschaft. Sie können auch erkennen, ob wir aufrichtig sind. Mit »sie« meine ich dabei nicht unbedingt die einzelne Schnecke in unserer Hand oder die paar Schnecken in unserem Sammelbehälter. Wenn wir mit den Schnecken reden, so reden wir quasi auch zum kollektiven Unterbewußtsein all der Schneckenfamilien, die durch die einzelnen Schnecken jeweils repräsentiert werden. Dabei sind dieselben Regeln zu beachten, wie sie in der Psychologie, in den modernen Kommunikationswissenschaften oder beim NLP für eine gute Kommunikation gelten:

- einfache Wortwahl
- klare Aussagen
- deutliche Aussprache
- Verneinungen vermeiden
- kurze Sätze
- keine Beschuldigungen
- meinen, was man sagt
- sagen, was man meint.

Wenn Sie unsicher sind, wütend, müde oder verwirrt, so sagen Sie das. Klagen Sie aber nicht zu viel und verlieren Sie nicht das Ziel aus den Augen. Denn das Ziel ist es, eine positive Vereinbarung anzubieten, mit der die Schnecken zufrieden sein, mit der sie leben können. Die Vereinbarung muß unsere Bedürfnisse berücksichtigen, den Schnecken jedoch auch genügend Raum zur Entfaltung und zum Leben lassen.

Ich sage meinen Schnecken etwa folgendes:

»Hey, ihr Schnecken. Es tut mir weh, wenn ihr meinen Salat und mein Gemüse freßt. Bitte laßt meine Kräuter und Blumen in den Beeten hier in Ruhe. Haltet euch von diesen Pflanzen fern. Ich habe euch eingesammelt, weil ich eine Vereinbarung mit euch treffen möchte. Ihr könnt dort auf der Wiese und am Bachufer sein. Dort könnt ihr fressen, so viel ihr wollt. Ich werde regelmäßig Pflanzenabfälle für euch auf den Kompost tun. Ich lasse euch am Leben. Bitte verschont dafür die Pflanzen und Beete, von denen ich euch abgesammelt habe, denn sie sind mir lieb und teuer. Bleibt auch besser vom Garten meines Nachbarn weg, denn dort werdet ihr vergiftet. Bitte erzählt das auch allen anderen Schnecken weiter.«

Die Vereinbarung sollte wohlwollend sein und den Schnecken nicht zu viel abverlangen. Es sollte aber auch klar werden, was geht und was nicht. Danach bringe ich die Schnecken dorthin, wo sie sich künftig ungestört tummeln dürfen und sage ihnen zum Abschied: »Hier dürft ihr sein. Hier dürft ihr fressen. Laßt es euch hier gut gehen«.

Wir sprechen zwar zu ganz bestimmten Schnecken in unserem Sammelbehälter oder zwischen unseren Fingern. Diese Schnecken bilden aber in gewisser Weise einen offenen Kanal zum Gedächtnisfeld aller Schnecken. Was wir also einzelnen Schnecken an Erfahrung und Wissen vermitteln, vererbt sich quasi sofort an alle anderen. Die Intensität und Deutlichkeit dieser Vererbung hängt auch von der Qualität unserer Einstimmung und unseres Vorgehens ab. Ich hatte mit der Methode jedoch bisher immer Erfolg, selbst wenn ich manches Mal etwas unkonzentriert, nicht ganz bei der Sache bzw. bei den Schnecken oder einfach nur »routiniert« war.

Stieli ist, ihrem inneren Geruchskompaß folgend, ganz automatisch beim Salatbeet gelandet. Manches Mal geht ihr das so, daß sie einfach von ihrer Schlafhöhle loskriecht und sich dann, wie aus einem süßen Traum erwachend, irgendwo, meist in der Nähe einer ihrer Lieblingsfutterplätze, wiederfindet. Wie sie jetzt aber so die Salatpflanzen betrachtet, beschleicht sie ein Zaudern und ein Zweifeln. Es fühlt sich einfach nicht mehr richtig an, davon zu fressen. Sie versteht gar nicht so recht, was mit ihr los ist. Es ist nicht etwa, weil ihr Freund Kriecher ihr erzählt hat, wie er von einer Salatpflanze abgezupft worden war und wie unangenehm sich das für ihn angefühlt hat, plötzlich seine Mahlzeit unter dem Fuß zu verlieren. Es ist eher, wie wenn da einfach kein Interesse, kein Appetit auf Salat mehr wäre. Sie zuckt kurz mit den Augenstielen und ihrem Rückenschild und wirft noch mal einen letzten fragenden Blick auf die Salatpflanzen. Nachdem sie von dort keine Antwort bekommt, wendet sie sich ab und fährt ihre Riechstiele ganz weit aus. Sie schnüffelt und sucht, bis sie eine neue Geruchsspur aufnimmt und kriecht endlich ganz langsam davon.

Je öfter man so ein Schneckentraining abhält, desto deutlicher wird der Lernerfolg ausfallen. Und je mehr Menschen sich respektvoll auf diese Art mit den Schnecken auseinandersetzen, desto leichter wird es jedem weiteren Menschen fallen, diese Methode anzuwenden und desto schneller werden die Schnecken lernen. Ich hatte inzwischen auch schon nach einer Schulungseinheit auffallenden Erfolg. So konnte ich mit einem einzigen Gespräch an einem Juniabend sieben Engelwurzpflanzen vor dem sicheren Schneckentod bewahren, indem ich alle dreißig Schnecken von den bereits arg geschädigten Pflanzen absammelte und ihnen erklärte, daß sie mir diese Pflanzen doch bitte in Ruhe lassen sollten. Am Abend darauf waren trotz weiterhin feuchter Witterung fast alle Schnecken anderswo unterwegs, und die Engelwurzpflanzen konnten sich erholen und sich allesamt ungestört zu den stattlichsten Exemplaren der »Angelika Archangelika« entwickeln, die ich je gesehen habe.

Tips und Empfehlungen

»Erinnerst du dich noch, wie es früher war?« Stieli räkelt sich genüßlich im tiefen Schatten des Löwenzahns. »Als wir ständig auf der Hut sein mußten. Immer in Angst vor unserem Gärtner.« Ihr Freund Kriecher, der im selben Schatten neben ihr döst, fährt schläfrig einen seiner Augenstiele aus. »Das war die Hölle«, brummt er zustimmend und raspelt versonnen mit seiner Zunge über Stielis vorderen Fußsaum. »Wie kam es eigentlich, daß sich alles so zum Guten gewendet hat?« Stieli runzelt die Stirn, während sie versucht, sich zu erinnern. »So genau weiß ich das auch nicht mehr. Irgendwann bemerkte ich, daß unser Gärtner entspannter und freundlicher wurde. Und bald darauf hat er ja auch angefangen, mit uns zu reden.« Hier wird sie von Kriecher unterbrochen: »Ich hab ehrlich gesagt nicht viel von dem verstanden, was er gesagt hat.« »Ich auch nicht«, nimmt Stieli ihren Faden wieder auf. »Seine neue und freundliche Aufmerksamkeit habe ich aber sehr genossen.« Jetzt wird Kriecher langsam munter. »Ich hatte von da an auf jeden Fall viel mehr Verständnis für unseren Gärtner. Vorher war mir gar nicht so bewußt, wie sehr er darunter leidet, wenn wir an bestimmten Pflanzen raspeln.« »›Leben und leben lassen‹ ist mir auf jeden Fall viel lieber als ›Fressen und gefressen werden‹«, beendet Stieli schließlich philosophisch aber auch etwas altklug den Erinnerungsreigen. Denn inzwischen ist die Sonne untergegangen, und wie auf Kommando hat deutlich hörbar Kriechers Magen geknurrt. »Ich glaube, deine Essensglocken läuten, also ist es wohl an der Zeit für unser Abendessen. Komm, laß uns runter an die Stelle am Bach gehen, wo uns der Gärtner ab und zu

leckere frisch-welke Blätter hinlegt. Ich bin ganz gespannt, ob er heute wieder an uns gedacht hat.«

Es ist nicht weiter hinderlich, am Erfolg dieser Methode zu zweifeln. Ich habe es auch getan. Es funktionierte dennoch. Es ist jedoch möglich, daß ich durch meine naturwissenschaftliche Ausbildung, Lebenserfahrung und meinen regelmäßigen Umgang mit Natur- und Elementarwesen ein oder zwei Vorteile habe, zum Beispiel Sturheit und Genauigkeit. Ich bin nämlich stur genug, um trotz meiner Zweifel dem Erfolg eines Projektes eine Chance zu geben. Und ich bleibe möglichst genau bei einer Vorgehensweise, solange sie funktioniert.

Es reicht nicht, abends mal schnell aus dem Küchenfenster in Richtung Garten zu rufen: »Husch, husch, ihr Schnecken, raus aus dem Salat, und alle ab zum Kompost!« Es ist wichtig, bei allen fünf Schritten konzentriert und mit dem Herzen dabeizusein, um jeweils ein bestimmtes Maß an Qualität zu erreichen. Dies braucht jedoch kein übermenschliches Maß zu sein, denn die Schnecken wollen selbst gerne mit uns Verbindung haben und sind auf ihre Art »ganz Ohr«.

Welche Werkzeuge und Hilfsmittel brauche ich?

Am Anfang ist es wichtig, möglichst viele Schnecken zu erreichen, was meist nur in der Dämmerung oder nachts möglich ist, da sie sich tagsüber gerne verkriechen. In der Dämmerung oder in der Dunkelheit können wir Schnecken sehr leicht mit Hilfe einer Taschenlampe aufspüren, weil ihre Körperoberfläche feucht im Lichtstrahl glänzt. Des weiteren brauchen wir lediglich einen eher flachen Sammelbehälter, in dem wir die Schnecken und von dem aus die Schnecken uns weiter wahrnehmen können, nachdem wir sie eingesammelt haben. Bei Bedarf ergänzt ein Handschuh unsere Grundausrüstung.

Mache ich etwas falsch, wenn es nicht gleich funktioniert?

Wie in der Natur üblich, dauert alles seine Zeit. Mit jeder Lerneinheit fügen wir dem Gedächtnisfeld der Schnecken jedoch weitere Informationen hinzu oder bekräftigen das bereits vorhandene Wissen. Es ist, als ob wir mit einem Schöpflöffel Wasser in einen Eimer füllen. Irgendwann wird der Eimer voll sein und überlaufen. Dann werden unsere Füße naß. Das ist quasi der Moment, wo die Information bei den Schnecken im allgemeinen angekommen ist. Ab jetzt brauchen wir nur noch genug Wasser nachzuschöpfen, um die Verdunstung auszugleichen.

Wie kann ich langsamer werden?

Das Beobachten der Schnecken eignet sich hervorragend zum Langsamerwerden. Sie gehören zu den besten Meditationslehrern, die ich je kennengelernt habe. Schon allein für dieses Geschenk können wir den Schnecken dankbar sein. Obwohl ihre Bewegungen langsam sind, so sind sie doch fließend und von einer ganz exquisiten Grazie. Es lohnt sich, sich an ihnen ein Bespiel zu nehmen.

Wie oft muß ich mit den Schnecken reden?

Ab dem ersten Auftauchen der Schnecken auf Pflanzen, an denen sie nichts zu suchen haben, sollte jeden Abend einmal ein klärendes Gespräch stattfinden. Das Ende ergibt sich, wenn die Schnecken die schützenswerten Pflanzen ausreichend meiden, so daß kein nennenswerter Schaden mehr entsteht. So gewinnt man selbst an Sicherheit, da man den Prozeß und das Ergebnis genau mitverfolgen kann. Im ersten Jahr dauerte dies bei mir etwa sieben Wochen, im zweiten Jahr sechs, im dritten Jahr nur noch etwa vier Wochen. Inzwischen genügen bereits ein paar Auffrischungsgespräche mit einigen Schnecken, um sofort eine spürbare Entlastung, auch für neue Pflanzenarten, zu erreichen.

Was soll ich den Schnecken sagen?

Je einfacher und eindeutiger die Worte, desto besser. Schnecken sind keine Philosophen und Denker. Sie verstehen auch keine Doppeldeutigkeiten und keine Ironie. Verneinungen sollten wenig Verwendung finden. Ansonsten einfach so ehrlich wie möglich und »frisch von der Leber weg« sagen, was Sache ist. Dabei bitte das Wohl der Schnecken nicht außer acht lassen, denn Vereinbarungen haben nur Bestand, wenn sie fair sind und für beide Parteien etwas darin enthalten ist.

Wie lange dauert das abendliche Schneckenflüstern?

Die Dauer hängt von der Größe des zu schützenden Gartenbereiches ab. Bei mir waren dies bei rund zweihundertzwanzig Quadratmetern Beetfläche etwa zwanzig bis dreißig Minuten pro Abend für die Dauer von einigen Wochen, abhängig vom Lernfortschritt der Schnecken, von der Witterung und der Vegetationsdichte.

Muß ich das Schneckenflüstern jedes Jahr neu machen?

Zunächst einmal: Ja. Die erforderliche Grund-Trainingsdauer wird sich jedoch in den Folgejahren reduzieren. Während ich im ersten Jahr noch etwa sieben Wochen abendliche Gesprächseinheiten durchführen mußte, reduzierte sich die Dauer in den Folgejahren deutlich. Allerdings war ich am Anfang auf mich allein gestellt. Es ist auch zu erwarten, daß je mehr Menschen mit den Schnecken ähnliche oder gleiche Vereinbarungen treffen, desto kräftiger und schneller das entsprechende Gedächtnisfeld geprägt und vorbereitet ist. Dadurch können neue Schneckengenerationen ihre Lektionen sozusagen in Null-Komma-Nix erlernen. Irgendwann haben sie es dann vielleicht bereits verstanden, wenn sie aus dem Ei schlüpfen.

Muß ich mit jeder Schneckenart separat reden?

Man kann zu mehreren Schneckenarten gleichzeitig reden. Meiner Erkenntnis nach vererbt sich jedoch das erlernte Wissen leichter innerhalb einer Schneckenart als von einer Art zur anderen. Jede Schneckenart hat wohl tatsächlich einen eigenen spezifischen Informationsbereich im »Gedächtnisfeld der Natur«, auf den sie leichter zugreifen kann.

Mein Nachbar hört mit! Kann ich auch ganz leise reden?

Nicht die Lautstärke der Worte ist entscheidend, sondern die Kraft und Klarheit der Botschaft. Bei besonders willensstarken und begabten Menschen genügen bereits kraftvolle Gedanken. Für die meisten von uns gilt aber: Das laute und klare Aussprechen gibt unserer Botschaft mehr Fokussierung und mehr Kraft.

Kann ich während der Trainingsphase in Urlaub fahren?

Man kann das abendliche Schneckenflüstern unterbrechen. Die Schäden während der Abwesenheit werden je nach Trainingsstand reduziert sein, da manche Schnecken schon gelernt haben, andere noch nicht. Das Training kann nach dem Urlaub wieder aufgenommen werden und fällt entsprechend der Vorarbeit kürzer aus.

Wie erfahre ich, ob die Schnecken mit meinem Vorschlag einverstanden sind?

Mit Hilfe sehr feiner Meßgeräte konnten selbst bei Pflanzen differenzierte Reaktionen auf gesprochene Worte nachgewiesen werden. Nach Untersuchungen des Japaners Emoto ändert selbst Wasser seine Kristallstruktur, je nach dem, was man sagt oder welche Musik man vorspielt. Die meisten Tiere und Pflanzen können jedoch zunächst einmal nur in der ihnen eigenen Sprache, zum Beispiel durch bestimmtes Verhalten »antworten«. Um mehr und genauer wahrzunehmen, was uns die Tiere zu sagen haben, bedarf es von unserer Seite einer sehr viel feineren Wahrnehmung, als wir uns normalerweise erlauben. Um also zu erfahren, ob die Schnecken mit unserem Vorschlag einverstanden sind und der Vereinbarung zustimmen, muß und kann in den meisten Fällen der Erfolg unserer Bemühungen genügen.

Gibt es nicht bald zu viele Schnecken, wenn man sie nicht tötet?

Seit Jahrzehnten werden Schnecken massakriert und vergiftet, was das Zeug hält. Ganze Industriezweige machen inzwischen mit der Schneckenbekämpfung satte Gewinne und erfreuen ihre Aktionäre. Die Verzweiflung der Gärtner und die Anzahl der Schnecken scheint jedoch von Jahr zu Jahr zuzunehmen.

Meiner Ansicht nach passen die Schnecken ihre Population den vorhandenen Umweltbedingungen an. Gibt es viel

Nahrung, feuchtes Wetter oder eine hohe Sterblichkeitsrate, so wird viel Nachwuchs erzeugt. Trifft man mit den Schnecken Vereinbarungen, wo sie was fressen können, so wird sich ihre Anzahl entsprechend dem für sie vorhandenen Nahrungsangebot regulieren.

Funktioniert die Methode auch bei Wühlmäusen oder Maulwurfsgrillen?

Die fünf Schritte für eine erfolgreiche Kommunikation gelten im Grunde für alle Lebewesen, unter anderem für Maulwurfsgrillen, Wühlmäuse oder auch für Menschen. Es gibt dabei allerdings für jedes Lebewesen eine ganz besondere Methode, wie man seine Aufmerksamkeit erlangen kann, insbesondere, wenn die Tiere schwer zu fangen oder zu finden sind. Auch langsamer zu werden, wird durch die sprichwörtliche Langsamkeit der Schnecken und die Schneckenmeditation in besonderer Weise unterstützt und fällt daher bei ihnen leichter als bei schnelleren Tieren oder gar bei anderen Menschen, da wir mit unseren Gedanken oft rasend schnell unterwegs sind.

Letzte Worte an den Leser

Durch die Arbeit im Garten haben wir die besten Voraussetzungen, ein ausgeglichenes und friedliches Leben zu führen. Wenn wir uns aus lauter Verzweiflung und Haß jedoch dazu hinreißen lassen, Schnecken zu zerstückeln oder zu vergiften, fügen wir auch uns selbst damit großen Schaden zu. Selbst wenn es manchmal nicht unmittelbar zu erkennen ist, so gilt besonders im Umgang mit der Natur der Grundsatz: Wir ernten, was wir säen. Wie wollen wir uns aber selbst lieben können und Frieden finden, wenn wir nicht zuallererst den Krieg in unserem eigenen Garten beenden? Den Samen für ein Leben in Zufriedenheit und Harmonie mit unserem Planeten Erde, mit seinen unterschiedlichen Kulturen, mit den Menschen, Tieren und Pflanzen säen wir bei uns zuhause, direkt in unserer unmittelbaren Umgebung. Beenden wir einfach den Krieg dort, wo wir sind, in unserem alltäglichen Leben, in unserem Garten.

Über Ihren Erfahrungsbericht würde ich mich sehr freuen.

Für mich bietet der etwa dreitausend Quadratmeter große Garten des »Achillea – Freiburger Heilpflanzengarten e. V.« neue schneckische Herausforderungen (siehe: www.freiburger-heilpflanzengarten.de). Wegen der vielen Schattenplätze, der großen Feuchtgebiete und unberührter Wildkräuterzonen tummeln sich dort selbst tagsüber wahre Horden munterer und lebenslustiger Nacktschnecken. Ihnen scheinen Heilpflanzen ebenso zu bekommen wie mir. Eine gute Gelegenheit also, mein Verhandlungsgeschick mit

den Tausenden von hungrigen Kräuter-Schnecken erneut auf die Probe zu stellen.

Für den Erfahrungsaustausch und Kontakt stehe ich über die Internetseite »www.schneckenfluestern.de« gerne zur Verfügung.

Literaturverzeichnis

Cleve Backster: Evidence of Primary Perception in Plant Life (Beweise für Primär-Wahrnehmung bei Pflanzen). The International Journal of Parapsychology Band 10 (1968)

Doug Boyd: Rolling Thunder – Erfahrungen mit einem Schamanen der neuen Indianerbewegung

Masaru Emoto: Die Botschaft des Wassers

David George Gordon: The Western Society of Malacologists – Field Guide to the Slug

Annerose Naber/Sabine Latorre: Das kreative Sachbuch – Schnecke

Rupert Sheldrake: Das Gedächtnis der Natur

Jakob Streit: Bruder Franz

Tompkins/Bird: Das geheime Leben der Pflanzen

Robert A. Wilson: Die neue Inquisition – irrationaler Rationalismus und die Zitadelle der Wissenschaft

Der Autor

Als Jahrgang 1955 schrammte Hans-Peter Posavac knapp an den 68-ern vorbei und landete mitten in der Aussteigergeneration, die den Sinn ihres Lebens in östlicher Meditation und spirituellen Gemeinschaften suchte. Mit einem reichen Schatz an Selbsterkenntnis sowie zahlreichen Ausbildungen und Erfahrungen in Körperarbeit, als Meditationslehrer und als Heiler führte ihn sein Weg Jahre später zurück in die bürgerliche Gesellschaft. Die Erforschung seiner inneren Welten und sein Ingenieurstudium erwiesen sich dort schnell als fruchtbare Verbindung und führten ihn über eine Karriere als Sicherheitsingenieur bis zum Generalmanager in einem mittelständischen Software-Unternehmen direkt in die berufliche Selbständigkeit. Seine Liebe zur Natur und seine Freude an der Stille fanden ihren Ausdruck in der Imkerei und bei der Arbeit im Garten. Heute hat er ein eigenes Ingenieurbüro, schreibt Bücher und Kurzgeschichten und engagiert sich aktiv beim Aufbau eines Heilpflanzengartens in Freiburg.

VOM KAMPF ZUM TANZ IM UMGANG MIT PFERDEN

Ein Umdenken hat begonnen im Umgang mit dem Pferd. Doch noch immer fehlt den meisten Menschen der Zugang zum Pferd, weil sie zu sehr von sich her denken und das Pferd als ein getrenntes Gegenüber auffassen. Pia Rennollet hilft uns mit ihrem Buch, einen Zugang zum Pferd zu finden, indem sie

- zuerst unsere Denkgewohnheiten und Überzeugungen hinterfragt
- dann anhand von Fallbeispielen erzählt, wie sie sich sogar zu schwer gestörten Pferden einen Zugang erarbeitet hat
- schließlich die theoretischen Grundlagen der Arbeit erklärt
- und anhand vieler Fotos und Zeichnungen die praktische Arbeit anschaulich macht.

Pia Rennollet
Der Traum vom Pferd
Zugang finden, Vertrauen gewinnen,
Freundschaft schließen
Grundlagen – Praxis – Philosophie
Hardcover, 224 Seiten, zahlreiche Fotos und Zeichnungen, 17 x 23 cm
ISBN 978-3-89060-452-7

EINLADUNG IN DIE SCHAMANISCHE WIRKLICHKEIT

Dieses praktische Arbeitsbuch ist eine Einladung, sich auf die unbekannte und doch vertraute Welt der schamanischen Wirklichkeit einzulassen. Es führt behutsam zur eigenen Kraft und vermittelt die grundlegenden Werkzeuge wie Visionssuche, Schamanische Reise, Medizinräder und Zeremonien.

Wolf Ondruschka
Geh den Weg des Schamanen
Das Medizinrad in der Praxis
Kartoniert, 128 Seiten, 14,6 x 21 cm
ISBN 978-3-89060-044-4

Ein Quantensprung in unserer Beziehung zur Natur

Nachdem die Vorstellung, daß in der Natur unsichtbare Intelligenzen am Wirken sind, nicht mehr ganz so absonderlich erscheint, wie noch vor Jahren, ist jetzt die Zeit gekommen für dieses Buch, in dem uns einer vom elbischen Volk der Leprechâns erzählt, wie wichtig die Zusammenarbeit der Menschen mit den Naturgeistern ist. Leicht lesbar und auf unterhaltsame Weise bringt uns die Autorin Tanis Helliwell die Welt der Elfen, Devas und Elementale näher – und selbst Skeptiker werden ihr Vergnügen haben und ins Nachdenken kommen.

Tanis Helliwell
Elfensommer
Meine Begegnung mit den Naturgeistern
Ein Tatsachenbericht
Paperback, 224 Seiten
ISBN 978-3-89060-318-6

Wünschelruten – mal ganz anders

Die meisten kennen Wünschelruten als Werkzeug von Leuten, die damit Wasseradern oder Erdgitter aufspüren möchten. Daß die Möglichkeiten des Rutengehens viel weiter gehen, zeigt die erfahrene Praktikerin hier: Ruten als Orakel und Wegweiser, zur Verbesserung des Lebensumfeldes, als Hilfsmittel zur Kontaktaufnahme mit Pflanzen und zur Kommunikation mit Natur- und Elementarwesen sowie zum Aufspüren von Kraftorten.

Ilse Rendtorff
Mit Wünschelruten Kraftorte und Naturwesen entdecken
Kartoniert, 128 Seiten, 14,6 x 21 cm
ISBN 978-3-89060-045-1

Die Erde erspüren

Feng-Shui ist in aller Munde, aber die wenigsten wissen, daß Feng-Shui nur ein Aspekt der traditionellen Wissenschaft der Geomantie ist.

Um Geomantie zu verstehen, muß man sich auf das Unsichtbare einlassen, eine ganzheitliche Wahrnehmung entwickeln. Die Autorin öffnet in diesem Buch den Blick auf überzeugende Weise. Zuerst erklärt sie die Grundlagen der Geomantie, die auf einem traditionellen Wissenschaftsbild beruhen. Ohne ein Verständnis dieser Grundlagen – alles ist Schwingung, die Erde ist ein Lebewesen, es gibt unsichtbare feinstoffliche Dimensionen – ist Geomantie nicht möglich, bedeutet doch schon das Wort: »die Erde erspüren«.

Petra Gehringer
Geomantie
Wege zur Ganzheit von Mensch und Erde
Überarbeitete Neuauflage, 416 Seiten,
viele teils farbige Abb., kartoniert
ISBN 978-3-89060-469-5

Tierkommunikation ohne Gefühlsduselei

Emilia Kliment lebt seit vielen Jahren auf das engste mit Tieren zusammen: Pferden, Hunden und Katzen. So gelangte sie zu einem immer tieferen Verständnis von dem, was in diesen Wesen vorgeht. Sie lernte die Ausdrucksweisen der Tiere deuten und verstehen und in ihrer Seele zu lesen. Dabei geht es ihr nicht um romantische Gefühlsduselei oder »Pferdeflüsterei«, sondern ganz bodenständig um das Lesen und Erspüren dessen, was das Tier ausdrückt.

Emilia Kliment
So wird dein Tier zum echten Freund
Katze, Hund und Pferd verstehen
und von ihnen verstanden werden
Pb., 256 Seiten, mit zahlreichen Zeichnungen
ISBN 978-3-889060-529-6

Ein Buch über Bäume, wie es noch keines gab

Im vorchristlichen Europa wie in allen anderen Teilen der Welt wurde die ganze Erde als ein atmendes Wesen gesehen, erfüllt von sichtbaren und unsichtbaren Lebensformen. Bäume waren in dieser heiligen Landschaft hochangesehene Pforten der Einweihung. Die Kraft und Energie heiliger Haine und einzelstehender alter Bäume half den Kelten, Germanen, Römern und Griechen, aber auch schon den Menschen der Bronzezeit und der Jüngeren Steinzeit, die Grenzen ihres Bewußtseins zu erweitern und Kontakt mit dem Unsichtbaren aufzunehmen.

Fred Hageneder
Der Geist der Bäume
Eine ganzheitliche Sicht ihres unerkannten Wesens
4. Auflage,
gebunden mit Schutzumschlag, 416 Seiten,
17 x 24 cm, reich illustriert, viele Farbabbildungen
ISBN 978-3-89060-472-5

Den Bäumen lauschen

Es gibt zwei Arten von Engeln: solche mit Flügeln und solche mit Blättern. Der jahrhundertealte Weg, Rat zu finden oder der Natur Dank zu sagen, führt in den heiligen Hain. Da heilige Haine – mit Verlaub gesagt – selten geworden sind und selbst ehrwürdige einzelne Bäume in friedvoller Umgebung nicht immer schnell zu finden sind, wenn wir sie bräuchten, bieten wir hiermit ein Baumorakel an, das uns den Engeln der Bäume wieder näherbringen kann.

Das Baum-Engel-Orakel lädt zu inspirierenden Meditationen ein und läßt die Bäume zu uns sprechen.

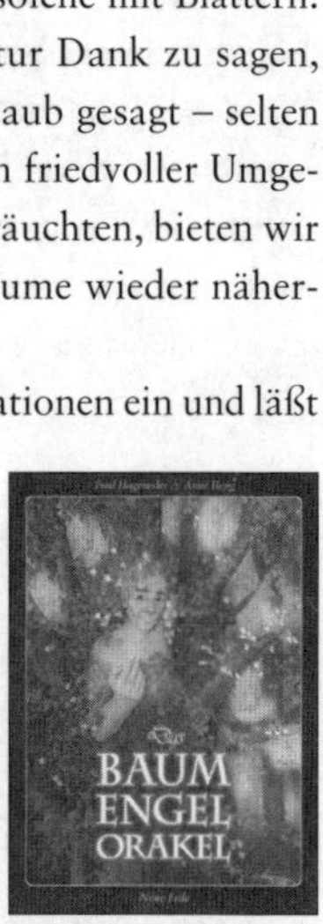

Fred Hageneder, Anne Heng
Das Baum-Engel-Orakel
Buch kartoniert, 112 Seiten,
mit 36 Karten im Stülpdeckel-Karton
ISBN 978-3-89060-076-5

Bücher von NEUE ERDE im Buchhandel

Im deutschen Buchhandel gibt es mancherorts Lieferschwierigkeiten bei den Büchern von NEUE ERDE. Dann wird Ihnen gesagt, dieses oder jenes Buch sei vergriffen. Oft ist das gar nicht der Fall, sondern in der Buchhandlung wird nur im Katalog des Großhändlers nachgeschaut. Der führt aber allenfalls 50% aller lieferbaren Bücher. Deshalb: Lassen Sie immer im VLB (Verzeichnis lieferbarer Bücher) nachsehen, im Internet unter **www.buchhandel.de**

Alle lieferbaren Titel des Verlags sind für den Buchhandel verfügbar.

Sie finden unsere Bücher in Ihrer Buchhandlung oder im Internet unter **www.neue-erde.de**

Bücher suchen unter: **www.buchhandel.de**. (Hier finden Sie alle lieferbaren Bücher und eine Bestellmöglichkeit über eine Buchhandlung Ihrer Wahl.)

Bitte fordern Sie unser Gesamtverzeichnis an unter

Neue Erde GmbH
Cecilienstr. 29 · D-66111 Saarbrücken
Fax: 0681 390 41 02 · info@neue-erde.de

NEUE ERDE